공항을 계획하며, 미래를 고민하다

공항이라는 작은 도시에서 배운 것들

공항을 계획하며, 미래를 고민하다

공항이라는 작은 도시에서 배운 것들

나웅진 지음

좋은땅

머리말

　어린 시절 우리에게 공항은 '어딘가로 멀리 떠나기 위한 장소'의 의미였다. 여행이나 출장을 위해 잘 차려입은 사람들이 캐리어를 끌고 바삐 움직이고, 어딘가로 간다는 마음에 설레는 표정, 그리고, 손을 흔들며 이별의 울음을 삼키는 뒷모습이 그 공간에 가득했다. 그렇게 단순하게 공항을 바라보았던 내가 공항을 건설하고 계획하는 일들을 하게 되면서 많은 것들을 비로소 깨달았다. 공항은 단순히 비행기가 이착륙하는 곳이 아니라, 수많은 사람의 손과 기술, 이해와 갈등이 맞물리는 '작은 도시'라는 사실을.

　나는 공항을 계획하고, 건설하고, 운영하는 일들을 오랜 시간 해 오고 있다. 신공항을 어디에 지어야 하나 고민하고 도면 위에 활주로와 터미널을 어떻게 배치할까 계획도 하고, 짙은 안개가 뿌옇게 밀려들어 오는 제주공항을 걱정하면서, 드론이 공항 비행 금지 구역에 출몰했다는 보고에 긴장하며 하루하루를 보냈다. 누군가에겐 공항이 '여행을 위한 시작이자 끝'이라는 의미로 다가오겠지만, 나와 같은 사람들에겐 공항은 세상의 많은 고민이 함께 모여 있는 집합체다.

　공항을 계획하며, 미래를 고민하다

이 책은 그런 고민들의 기록이다. 이 책은 화려하게 꾸며져 있는 국제선 터미널에 대한 이야기나 미국이나 유럽을 향하는 여객기와 여행객들의 이야기보다는, 태풍이 지나가고 난 이후 육지로 나가려고 발을 동동 구르는 여행객들의 긴급 수송계획을 세우던 제주공항 관계자들, 제주2공항과 흑산도 공항의 입지 선정을 위해 현장을 다니던 엔지니어, 눈보라 속 활주로에 제설제를 뿌리며 겨울바람을 견디던 조업자의 이야기를 담고 있다.

1부에서는 공항을 '어디에, 어떻게' 계획하고 건설하게 되는지를 설명한다. 단순히 땅이 넓다고, 사람들이 인근에 많이 산다고 공항을 계획할 수 있는 것은 아니다. 소음과 고도 제한 문제, 자연보전과 지역 주민들의 수용성 사이에서 팽팽한 줄다리기가 이어진다. 제주2공항과 흑산도 공항을 둘러싼 사례들은 그 현실을 단적으로 보여 준다.

2부는 공항에서 이루어지는 일상과 비일상적인 상황에 대한 기록이다. 공항은 절대 조용한 곳이 아니다. 눈이 오고, 바람이 불고, 누군가가 폭발물을 설치했다고 전화를 걸어올 때, 우리는 그 혼돈 속에서도 공항의 질서를 유지해야 한다. 이 2부에서는 공항의 '운영'이라는 단어 속에 숨어 있는 사람들의 땀과 결정, 그리고 협업의 과정들을 담았다.

3부는 공항을 운영하고 항공기가 이착륙하는 과정의 기초가 되는 기술적인 내용에 대한 이야기다. 활주로의 설계와 운영, 항공관제와 계기착륙 장치, 위성항법까지. 이러한 항공과 공항 기술 분야는 빠르게 발전하고 있다. 하지만 아무리 기술이 발전해도, 결국 이러한 시스템을 작동시키는 것은 사람이다. 항공기와 인간이 함께 만들어가는 항공 안전의 원리를 함께 살펴보고자 했다.

그리고 마지막 4부에서는 조금 더 근본적인 질문에 대해 살펴본다. 우리는 왜 공항을 만드는가? 누구를 위한 공항인가? 공항이 지역과 도시, 그리고 우리의 미래에 어떤 영향을 미치는지를 고민해 보았다. 개발과 갈등, 지속가능성. 이 질문들은 결코 기술적인 발전만으로는 해답을 찾을 수 없는 인문학적인 문제다.

나는 이 글을 쓰는 동안 내내 한 가지를 마음속에 깊이 새기고자 했다. 공항이란 결국, 사람이 오고 가는 연결의 장소라는 점이다. 그 안에는 누군가의 희망, 누군가의 이별, 누군가의 일상과 삶이 공존하고 있다. 따라서 공항을 고민한다는 것은, 결국 사람에 대해 고민한다는 의미이기도 하다.

이 책은 공항에 대한 기술서도 아니고, 순수한 수필도 아니다. 다만, 대한민국의 공항 안에서 그리고 공항을 계획하고 운영하는 일을 하면서 쓴 나의 작은 기록들이며, 그 작은 도시를 움직이는 무수한 손길들에 대한 헌사이며, 앞으로 우리가 맞이할 미래의 하늘길이 어떠해야 하는지에 대한 나의 작은 대답이다. 이 책이 누군가에게, 공항을 새로운 시각에서 다르게 바라볼 수 있도록 해주는 계기가 되었으면 하는 바람이다.

오늘도 나는 공항을 고민한다.
그리고 이 책을 읽는 당신도, 하늘길 너머의 풍경과 공항에서 이루어지는 일들을 상상해 보면서, 나의 고민을 함께 해주길.

2026년

나웅진 드림

 공항을 계획하며, 미래를 고민하다

차례

제4부

다시, 현장에서 길을 묻다
[사람과 공존하는 공항의 철학]

01

지도 위에 공항의 밑그림을 그리다

[공항 입지 선정과 계획]

1장 — 공항, 한 도시의 내일을 설계하다
(공항의 계획과 건설)

공항은 일반 건축물과는 다르다. 단순히 활주로와 터미널, 주차장과 관제탑으로 이루어진 구조물이 아니다. 공항은 국가의 건설, 교통, 개발 정책과 사회의 요구, 그리고 주민들의 일상이 한데 얽힌 집합체다. 그것은 토목공학과 건축공학, 교통계획과 항공기술의 성과물이면서도, 동시에 정치와 경제, 환경과 공동체의 갈등이 만나는 장(場)이다. 따라서 공항을 짓는다는 것은 단순히 콘크리트와 아스팔트를 깔고 터미널 건축을 하는 일이 아니다. 그것은 한 나라의 현재와 미래를 설계하는 일이며, 땅 위에 살고 있는 사람들의 삶을 근본적으로 바꾸는 일이다.

새로운 공항을 짓자는 논의는 언제나 두 가지 얼굴로 나타난다. 국가 차원에서는 국제 경쟁력 강화와 지역 균형 발전이라는 명분이 우선이다. 하지만 지역 주민에게는 땅을 내주고 삶터를 흔드는 현실로 다가온다. 이 두 얼굴 사이에는 언제나 긴장이 흐른다. 그 긴장은 입지 선정 단계에서부터 이미 시작된다.

공항 입지를 고르는 과정은 의외로 정치적이다. 학술적으로는 경제성

  공항을 계획하며, 미래를 고민하다

분석, 환경 영향 평가, 교통망 접근성 같은 과학적 논리를 이용한다. 하지만 그 결과를 받아들이는 순간 이후에는, 정치와 사회의 갈등이 불붙는다. "왜 우리 지역이냐?", "왜 우리 지역은 아니냐?" 이 같은 질문이 곳곳에서 터져 나온다. 공항 유치를 두고 환영과 반대가 엇갈리고, 지자체는 서로 앞다투어 경쟁하거나 때로는 주민 반발에 떠밀려 발을 빼기도 한다. 공항은 국가의 사업이지만, 동시에 지방의 정치와도 맞닿아 있다.

실제로 현장에서는 이런 장면이 펼쳐진다. 제주 제2공항 계획이 발표되었을 때였다. 정부는 항공 수요 증가와 기존 제주공항의 포화 상태 해소를 위해 새로운 공항 건설을 추진했다. 논리는 명확했다. 하지만 마을 주민들은 달랐다. "우리는 다른 입장인데, 왜 정부는 소통 없이 추진하나요?"라는 물음이 먼저 터져 나왔다. 입지 선정 결과를 알리는 설명회장은 아수라장이 되었고, 주민들의 목소리는 분노와 두려움이 뒤섞여 있었다. 그들에게 공항은 국가 발전의 상징이 아니라, 환경이 파괴되고 그들이 오랫동안 살아왔던 삶터를 잃을지도 모른다는 불안 그 자체였다.

사실 공항의 역사를 돌아보면, 늘 비슷한 이야기가 반복된다. 김포공항이 확장될 때도, 인천공항이 건설될 때도, 그리고 지금 울릉공항이나 흑산공항 같은 작은 섬의 공항까지도, 어디서나 비슷한 갈등이 일어났다. 국가와 전문가들은 타당성을 말하고, 주민들은 생존을 말한다. 둘 다 옳지만, 쉽게 화해하지 못한다.

타당성 조사는 이러한 갈등의 출발점이 된다. 정부는 예비타당성조사와 사전타당성조사를 통해 경제성과 효율성을 검토한다. 항공 수요는 얼마나 늘어날 것인가, 지역 경제에는 어떤 효과가 있을 것인가, 투자 대비 편익은 얼마인가.

공항 입지 결정 과정은 마치 사회의 축소판 같다. 한쪽은 '국가 전체의 이익'을 외치고, 다른 한쪽은 '지역 주민의 권리'를 말한다. 정치는 그 사이에서 균형을 잡으려 하지만, 종종 표 계산에 따라 움직일 수밖에 없다. 지자체장은 공항이 가져올 개발 효과를 기대하면서도, 주민들의 반발에 발목 잡힌다. 전문가들은 데이터와 지표로 판단하지만, 그 지표가 실제 삶을 모두 설명할 수는 없다는 것도 잘 안다.

공항 건설을 계획하게 되면, 주민 설명회를 하게 된다. 그러나 설명회가 설명의 자리로 온전히 끝나게 되는 경우는 드물다. 대부분의 사람들은 정부가 주민들에 대해 일방적인 통보를 한다고 생각한다. "이미 다 정해 놓고 와서 설명하는 것 아니냐?"는 주민들의 불신이 설명회를 집회로 바꿔 놓는다. 찬성과 반대가 뒤섞인 현장에서 목소리는 격해지고, 대화는 끊어진다. 누군가는 경제적 기회를 기대하면서 환영하고, 누군가는 마을과 삶의 터전을 지키겠다며 반대한다. 설명회장은 작은 전쟁터가 된다. 공항은 땅 위에 세워지기 전부터 이미 사람들의 마음속에 갈등을 일으켜 놓는다.

나는 그 갈등의 풍경 속에서 늘 같은 질문을 떠올린다. "공항은 누구를 위해 지어지는가?" 정부는 국가를 말하고, 지자체는 지역을 말한다. 하지만 정작 땅 위에 사는 사람들의 삶은 쉽게 간과된다. 그렇다고 주민들의 목소리만으로 국가적 결정을 내릴 수는 없다. 양쪽 모두 옳고, 양쪽 모두 불완전하다. 그래서 공항 건설은 언제나 합의와 타협의 산물이 되어야 한다.

이 지점에서 우리는 알 수 있다. 공항은 기술과 자금만으로 세워지는 것이 아니다. 그것은 협상과 갈등, 합의와 양보 위에서 완성된다. 활주로를 건설하는 것은 수많은 건설장비와 콘크리트, 아스팔트를 통해서 이루

  공항을 계획하며, 미래를 고민하다

어지지만, 그 활주로를 이용 가능하게 하는 것은 수많은 사람들의 동의와 체념, 기대와 포기다. 공항은 결국 '사회적 합의의 공간' 위에서 건설될 수 있다.

공항 건설은 입지를 정했다고 해서 곧바로 시작되는 일은 아니다. 입지를 둘러싼 갈등과 논란을 어느 정도 정리하고 나면, 이제 제도와 절차가 기다리고 있다. 국토교통부가 세우는 공항개발 기본계획이 있고, 이를 뒷받침하는 법적 장치들이 있다. 「공항시설법」을 뼈대로 하여 「환경영향평가법」, 「항공사업법」, 「공항 소음법」 등을 검토한다. 공항은 한 나라의 하늘길을 여는 의미를 갖는 게이트이기 때문에, 개별 지자체의 단순한 건설 사업이 될 수는 없다. 국가 차원의 계획과 승인의 테두리 안에서 운용된다.

대한민국에서 새로운 공항을 건설하려면 먼저 공항개발 종합계획에 포함되어야 한다. 종합계획은 10년 주기로 수립되고, 각 공항별 필요성과 타당성을 검토한다. 이후 사전타당성조사, 예비타당성조사, 기본계획 수립, 설계, 그리고 착공이라는 절차를 거친다. 절차는 늘 비슷해 보이지만, 실제 현장에서는 매번 다른 풍경이 벌어진다. 왜냐하면 개발계획에서 인용되는 숫자와 도면들은 비슷하더라도, 주민과 지역의 상황은 제각각 다르기 때문이다.

이 과정에서 자주 등장하는 단어가 '타당성'이다. 경제적 타당성, 기술적 타당성, 환경적 타당성. 정부는 사업을 착수하기 위해 반드시 이 세 가지를 통과해야 한다. 경제적 타당성은 비용 대비 편익을 계산하는 작업이고, 기술적 타당성은 활주로와 항행시설이 안전하게 설치될 수 있는지를 따지는 것이다. 환경적 타당성은 자연 생태와 주변 환경에 끼칠 영향을 평가하는 과정이다. 그러나 이 세 가지 타당성으로 공항의 필요성과 미래를 모두 다 설명할 수 있을까. 주민들이 느끼는 삶터를 잃을지도 모른다는 불안감, 개발이 제한되는 땅에서 살아가는 답답함, 이런 부분들은 타당성 보고서에는 포함되지 않는다.

해외의 공항 관련 기준들을 살펴보자. 미국의 FAA는 공항 건설과 운영에 관한 세세한 기준을 마련해 두고 있다. 활주로 길이, 평행 활주로 간격, 안전구역의 폭, 조명시설과 항행장비의 설치 기준까지 조목조목 적혀 있다. 그들은 기술적 안전성을 매우 중요하게 검토한다. 유럽의 경우에도 환경과 주민 참여의 비중을 크게 둔다. 새로운 공항이나 활주로 확장이 추진될 때, 주민들과의 공청회는 필수 절차다. 스위스 취리히공항은 주민과 협의체를 구성해 비행경로와 소음 대책 방안들을 조정했고, 네덜란드 스키폴 공항은 소음 피해가 일정 기준을 넘으면 주민에게 보상하는 제도를 법제화했다. 또한, 민간항공기가 이착륙하는 5개의 활주로 중 어느 활주로를 이용하게 할 것인가를 정할 때, 주변지역에 미치는 소음이 중요한 판단기준이 된다. 기술과 안전 못지않게 '공존'을 제도에 넣어 운영하는 것이다.

우리나라에도 주민을 위한 제도적 장치들이 있다. 환경영향평가, 주민설명회, 공청회 같은 절차가 그것이다. 하지만 그 절차가 충분히 실효성을 가지는지는 다른 문제다. 설명회가 진정한 의미의 설명이 되려면 주민들의 의견이 실제 계획에 반영되어야 한다. 그러나 많은 경우 설명회는 정부의 계획을 통보하는 자리에 머물 때가 있고, 주민들은 자신들의 목소리가 이미 결정된 결론에 아무 영향도 미치지 못한다고 느끼기도 한다.

     공항을 계획하며, 미래를 고민하다

공항의 설계와 건설 과정은 기술의 집약체다. 활주로를 어디에 두고, 얼마나 길게 건설할 것인지, 터미널을 어떤 형상으로 지을 것인지, 관제 시설을 어디에 배치할 것인지. 설계자와 시공자는 정밀한 계산과 오랜 경험을 바탕으로 도면을 그린다. 그러나 기술적 정답이 곧 사회적 정답이 되는 것은 아니다. 활주로의 방향 하나에도 수많은 이해가 얽힌다. 바람의 방향에 따라 활주로를 배치하면 항공 안전에는 유리하지만, 특정 마을 위로 소음이 집중될 수도 있다. 설계자는 안전을 우선하지만, 주민은 삶을 우선한다. 두 가지의 가치는 종종 충돌한다.

공항을 짓는다는 것은 결국 거대한 균형의 예술이다. 경제성과 안전성, 환경과 주민의 삶, 국가적 필요와 지역적 이해 사이의 균형. 어느 한쪽만을 앞세우면 반드시 다른 한쪽에서 반발이 일어난다. 이 균형을 잡아내는 것이야말로 공항 건설의 가장 어려운 과제다.

나는 가끔 이런 생각을 한다. 공항은 사실상 국가라는 공동체가 스스로를 시험하는 무대가 아닐까. 국가가 기술을 어떻게 활용하는지, 주민들의 목소리를 얼마나 존중하는지, 공공의 이익과 개인의 권리 사이에서 어디까지 타협할 수 있는지를 보여 주는 장(場). 공항 하나를 짓는 과정에는 그 나라의 정치 문화, 행정 절차, 시민 참여의 성숙도가 고스란히 드러난다.

결국 중요한 것은 철학이다. 공항을 단순히 비행기를 이착륙시키는 시설로 볼 것인가, 아니면 사람과 지역이 함께 살아가는 공간으로 볼 것인가. 후자를 선택할 때, 공항은 비로소 미래를 열 수 있다. 공항 건설은 국가의 미래를 위한 투자이면서도, 동시에 주민들의 오늘을 지켜내는 약속이어야 한다. 활주로 위를 나는 항공기가 세계와 세계를 잇는다면, 공항은 사람과 사람을 이어야 한다. 기술과 제도만으로는 부족하다. 철학과 의지가 있어야 한다.

그래서 나는 이렇게 말하고 싶다. 공항은 어느 한 주체가 지을 수 있는 것이 아니다. 그것은 정부와 지자체, 주민이 함께 만드는 공동의 집이다. 콘크리트와 철근 자재만으로 완성되는 것이 아니라, 협의와 합의, 그리고 공존의 지혜를 통해 완성된다. 공항의 계획과 건설은 바로 그 과정을 드러내는 일종의 사회적 거울이다. 우리는 그 거울 속에서 우리의 민주주의를, 우리의 공동체 의식을, 그리고 우리의 미래를 들여다보게 된다.

 공항을 계획하며, 미래를 고민하다

2장 — 공항의 입지는 어떻게 정해지는가
(공항 입지 선정의 원리)

여러 공항을 다니다 보면 문득 이런 생각이 든다. "왜 이 공항은 하필 이 지역에 있을까?" 김포공항은 왜 도심 가까이에 붙어 있을까, 인천공항은 왜 바다 위 섬을 메워서 만든 걸까, 제주 제2공항은 왜 성산에 입지를 정했을까. 공항이란 것이 그냥 빈 땅만 있으면 지을 수 있는 시설 같지만, 사실은 그렇지 않다. 땅을 고르고, 활주로를 놓고, 사람을 불러들이고 내보내는 이 모든 일들에는 단순히 토목 기술 이상의 복잡한 이유들이 얽혀 있다. 그 속에는 바람의 방향과 인근 지형, 돈과 시간, 그리고 무엇보다 사람들의 삶에 대한 고민이 함께 녹아 있다.

국제민간항공기구, ICAO는 공항 입지를 정할 때 지켜야 할 몇 가지 원칙을 제시한다. 첫째는 기상 조건이다. 바람은 비행기의 생명줄이다. 활주로는 바람을 마주 보도록 배치해야 항공기 운항 시 안전하다. 항공기는 바람을 정면으로 맞으면서 뜨고 내려야 안전하고, 항공기에 미치는 측풍은 이착륙에 악영향을 끼친다. 그러니 지역의 주풍(主風)이 어디서 불어오는지가 가장 먼저 검토된다. 안개가 자주 끼는지, 눈이 얼마나 오는지,

태풍이 얼마나 자주 들이치는지도 고려된다. 둘째는 지형이다. 활주로 주변에 산이나 고층 건물이 있으면 항공기는 이착륙 과정에서 위험해진다. 계곡이나 평야, 혹은 주변의 지형이 크게 작용한다. 셋째는 환경이다. 공항에 이착륙하는 항공기의 소음이 주변 마을에 얼마나 영향을 미치는지, 철새가 얼마나 날아다니는지, 주변 습지가 보호 대상인지 검토한다. 넷째는 접근성이다. 공항은 지역의 관문이니, 도로와 철도로 쉽게 닿을 수 있어야 한다. 그리고 경제성이다. 아무리 조건이 좋아도 천문학적인 공사비가 든다면 실행되기 어렵다.

이런 기준들을 놓고 보면, 공항 입지는 마치 수학 문제처럼 보인다. 조건을 맞추고 계산을 하면 답이 나올 것 같다. 그러나 실제로는 그렇지 않다. 공항은 기술적 정답만으로 세워지지 않는다. 주민들의 삶터, 지자체의 이해, 정치권의 계산이 얽혀 언제나 더 복잡한 방정식이 된다. 수학 문제라기보다 사회학의 문제다.

대표적인 사례가 영남권 신공항 논란이다. 김해공항은 포화 상태에 다다르고, 부산과 경남, 대구와 경북은 새로운 관문 공항을 원했다. 김해공항에 활주로를 평행으로 추가 건설하는 방안이 검토되었으나, 미래 항공 수요에 대응할 수 있는 시간당 운항 횟수를 확보하기에는 부족하다는 견해였다. 이후 밀양에 신공항을 짓자는 안, 가덕도를 매립하자는 안 등이 차례로 검토되었다. 정부는 여러 차례 연구 용역을 발주했고, 전문가들도 보고서를 내놓았다. 밀양이냐 가덕도이냐의 논란 속에서 대구 경북, 부울경 어느 지역과도 무관한 해외 엔지니어링 업체에 검토를 맡기고 그 결과를 수용하자는 지자체들의 의견에 따라, 프랑스 파리공항공단 ADPi가 검토를 수행하게 되었다. 2016년 6월 21일, ADPi의 슈발리에 수석 엔지니어는 밀양이나 가덕도가 아닌 김해공항 확장으로 발표를 했고, '콜롬부스의 달걀'과 같은 결정이라고 언급되었다. 그러나 이 결정은 후일에 다시 새로운 논쟁이 된다.

제주 제2공항도 마찬가지다. 기존 제주공항은 이미 한계에 다다랐다. 하루에도 수백 대의 항공기가 뜨고 내리며, 성수기에는 활주로가 숨 쉴 틈조차 없다. 안전을 위해서 새로운 활주로가 필요하다는 주장은 설득력이 있었다. 현 공항을 확장하자는 안도 검토되었는데, 활주로의 운영능력을 확대하기 위해서는 공항 전면의 먼 바다까지를 매립하여 활주로를 건설하여야 하는 관계로 비용적인 측면, 환경적인 측면에서 불리하다는 결론에 도달했다. 정부는 여러 군데 후보지를 검토한 끝에 성산 지역을 택했다. 바람과 지형 조건에서 가장 유리하기 때문이었다. 그러나 발표 직후 주민 반발이 터져 나왔다. "왜 우리에게 말 한마디 없이 정했느냐?"는 항의가 이어졌고, 설명회장은 매번 아수라장이 되었다. 찬성과 반대는 마을을 둘로 갈랐다. 찬성하는 쪽은 지역 개발과 일자리를 기대했지만, 반대하는 쪽은 환경 파괴와 삶터 붕괴를 걱정했다. 공항 건설 이슈가 공동체를 양분하였다.

이 두 사례는 우리에게 분명한 사실을 보여 준다. 공항 입지는 과학의 문제이면서 동시에 정치의 문제라는 것이다. 바람과 지형은 항공기의 안전을 좌우하지만, 사람들의 삶과 마음은 공항의 운명을 좌우한다. 기상과 지형은 데이터로 증명할 수 있지만, 주민의 수용성은 보고서에 담기지 않는다. 그래서 공항 입지를 둘러싼 논의는 언제나 "어디에 짓는가?"라는 질문에서 시작해 "누구를 위한 것인가?"라는 질문으로 옮겨간다.

영남권 신공항과 제주 제2공항의 갈등은 여전히 진행형이다. 공항이 들어설 자리를 정하는 일은 결국 한 나라의 기술력만이 아니라, 정치와 사회의 성숙도를 시험하는 일이다. 이 문제는 단지 특정 지역의 공항 하나를 넘어, 앞으로 우리가 어떤 방식으로 공공 갈등을 풀어갈 것인지의 시험대가 된다. 제주와 영남의 사례는 단지 시작일 뿐이다. 또 다른 공항 이야기들이 여전히 지금도 진행되고 있다.

울릉도에 공항을 건설하자는 이야기는 오래전부터 있었다. 동해 한가운데 자리한 이 섬은 육지에서 배로 세 시간, 날씨가 나쁘면 하루 이틀 발이 묶이기도 한다. 주민들에게 가장 절실한 것은 교통권이었다. 아픈 사람이 응급상황에 처했을 때, 기상 악화로 배가 뜨지 못하면 손을 쓸 수가 없었다. 공항 건설은 단순한 개발 사업이 아니라, 주민들의 교통권, 삶에 대한 행복 추구와 같은 권리를 회복하는 일이었다. 하지만 그 길은 쉽지 않았다. 울릉도의 지형은 가파르고 평지가 거의 없다. 활주로를 놓으려면 바다를 메우거나 산을 깎아야 한다. 자연조건이 좋지 않다 보니 토질조사 같은 기초 자료를 조사하기도 힘들었고, 공사비는 기하급수적으로 늘었다. "작은 프로펠러 비행기가 뜨고 내릴 수 있는 활주로에 몇천억 원을 쓰는 게 맞느냐?"는 논란도 이어졌다. 비용이 많이 들어가다 보니, 경제성 분석이 쉽지는 않았다.

흑산공항은 또 다른 얼굴을 보여 준다. 다도해 한가운데에 있는 흑산도는 아름다운 섬이다. 그러나 아름답다는 말은 곧 보호해야 한다는 의미와도 연결된다. 흑산공항 계획이 발표되자 가장 먼저 반대한 것은 환경단체였다. 이 지역은 철새의 이동 경로이자, 다도해 해상 국립공원이다. 활주

　　　　　　　　　　　공항을 계획하며, 미래를 고민하다

로를 건설하게 되면 수많은 새들이 사라지고, 생태계는 회복하기 어려운 타격을 입을 수 있다는 의견도 있었다. 반면 주민들은 "우리는 사람이다. 우리도 육지와 이어질 권리가 있다."고 공항 건설을 지속적으로 요청했다. 배편으로 목포에서 2시간 반 가까이 걸리는 섬에서 살아가는 사람들에게, 공항은 단순한 편의가 아니라 생존의 문제였다.

국가 정책은 이 두 가지 요구 사이에서 고민했다. 환경부는 환경적 영향에 대한 신중 의견을 냈고, 국토교통부는 필요성을 강조했다. 주민과 환경, 개발과 보존이 정면으로 부딪혔다. 이 논란은 오랜 시간 이어졌다. 흑산도의 사례는 우리에게 묻는다. 공항이 단지 교통 인프라라면, 환경을 파괴하면서까지 지어야 하는가? 그러나 교통권이 생존권이라면, 주민들을 위해 반드시 지어야 하는 것 아닌가?

해외 사례를 보자. 유럽의 몇몇 공항은 소음과 환경문제로 활주로 확장을 포기하거나 축소하였고, 앞에서 살펴본 바와 같이, 스위스 취리히공항과 네덜란드 스키폴공항은 주민과의 협의체나 주민 보상금 제도를 통해 주민과 타협하고 있다. 일본 나리타공항의 경우에는 주민 반발이 격렬해 활주로 일부를 완공하지 못했고, 지금도 공항 안에 마을이 남아 있다. 어느 나라나 사정은 다르지만, 공통점은 하나다. 공항 입지는 기술적인 요소만으로 정해지지 않고, 결국 주민과의 갈등과 타협 속에서 결정된다는 점이다.

울릉과 흑산의 사례를 보면, ICAO가 제시한 원칙은 어디까지나 출발점일 뿐이라는 사실이 분명해진다. 기상 조건과 지형, 경제성만으로는 설명되지 않는 수많은 변수들이 있다. 그것은 바로 인간의 삶이다. 주민의 목소리와 환경의 가치는 데이터로 표현하기 어렵다. 따라서 공항 입지를 정할 때, 이 목소리들을 늘 염두에 두어야 한다.

공항을 건설한다는 것은 단순한 기술적인 건설 사업이 아니라 사회적 선택이다. 한 지역의 미래를 바꾸는 결정이고, 공동체가 변화되는 큰 사건이다. 그래서 우리는 이렇게 물어야 한다. 공항은 누구를 위한 것인가? 누구의 삶을 더 낫게 만들고, 누구의 삶에 영향을 미치는가?

공항은 국가의 성장 동력이면서, 동시에 지역 주민에게는 삶의 무게다. 기술과 경제성만으로는 정답을 낼 수 없는 문제다. 결국 중요한 것은 사회적 합의와 공존의 지혜다. 바람의 방향만이 아니라, 사람의 방향을 함께 고려해야 한다.

영남권과 제주, 울릉과 흑산의 이야기는 서로 다르지만, 공통된 질문을 남긴다. "왜 공항이 거기에 지어졌는가?" 이 질문은 곧 "어떻게 공항과 함께 살아갈 것인가?"라는 더 큰 질문으로 이어진다. 그리고 이 질문은 앞으로도 우리 사회가 계속 답해야 할 과제다.

  공항을 계획하며, 미래를 고민하다

3장 — 공항 입지를 찾는 현장에서 만난 진실들
(공항 입지 결정 사례)

1 　제주 제2공항, 새로운 공항 입지를 찾다

　공항은 인간이 만든 가장 역동적인 인프라 시설이다. 도로가 사람들의 발길을 확장시켰지만, 그 범위는 한정된 부분에 그치게 된다. 하지만, 공항은 세상 전체를 연결한다. 특히 제주라는 섬에서 공항의 의미는 더욱 각별하다. 바다로 둘러싸인 이곳에서 비행기를 타지 않고는 대한민국의 다른 도시로 갈 방법이 없기 때문이다. 그래서 제주공항은 단순한 교통시설이 아니라, 섬 주민들의 삶과 생업, 그리고 관광으로 먹고사는 지역 경제의 생명줄이다.

　제주공항이 북적대기 시작한 것은 2000년대 후반부터이다. 저비용항공사(LCC)의 급성장과 함께 제주를 찾는 관광객이 폭발적으로 늘었다. 2004년에 불과 연간 1,000만 명 수준이던 제주공항 여객 수는 2010년대 중반에 들어 2,500만 명을 넘기며, 공항의 설계 용량을 뛰어넘었다. 성수기에는 항공권을 구하려는 사람들이 인터넷 예약 창을 붙잡고 새벽까지

클릭 전쟁을 벌였고, 공항 터미널 안은 주말이면 발 디딜 틈조차 없었다. 체크인 카운터 앞 줄은 100미터 가까이 늘어서 있었고, 대합실 의자는 언제나 만석이었다. 활주로는 항공기 이착륙으로 하루 종일 꽉 차 있었다. 기상 악화로 지연이 발생하면 작은 사고 하나가 연쇄 충돌처럼 이어져 수천 명의 여행객이 공항에 갇히는 일이 잦았다.

이런 상황에서 제2공항 건설 논의는 피할 수 없는 과제가 되었다. 국토부와 제주도는 여러 차례 타당성 조사를 수행했다. 문제는 입지였다. 섬이라는 제약된 공간에서 3킬로미터 넘는 활주로를 만들 만한 평지를 찾는 건 결코 쉽지 않았다. 주변 오름을 훼손시키지 않아야 하고, 바람 방향, 안개 발생 빈도, 소음 피해 예상 지역, 문화재와 자연유산 보전 문제까지 고려해야 했다. 전문가들은 물론이고, 제주 주민 모두가 뜨겁게 얽힌 주제가 되었다.

나는 그 시절 제주도 전역을 돌아다니며 공항을 새롭게 건설할 후보지를 살펴보았다. 3차원 지도에서 가장 기본적인 장애물 저촉 여부, 기상 여

 공항을 계획하며, 미래를 고민하다

건 등 1차 검토를 거쳐 후보지 30여 개소를 선정하였고, 2단계로 10개소에 대한 항공학적 검토와 사업비 분석, 현장 방문 조사 등을 실시하였다. 구좌읍 김녕리, 대정읍 신도리, 하모리, 그리고 성산읍 신산리, 온평리, 난산리. 지도 위에 점으로 표시된 후보지들은 단순한 지명이 아니었다. 각각의 마을에는 사람들이 살고 있었고, 그곳에는 오래된 돌담과 밭, 바람에 흔들리는 억새와 바람막이 삼나무들이 있었다. 어느 한 곳을 공항 후보지로 지목하는 것은 그 지역의 삶의 결을 변화시킨다는 의미를 갖는다.

제2공항 입지로 선정된 인근 지역의 한 오름에 올랐던 기억을 떠올려 본다. 먼저 눈에 들어온 것은 탁 트인 들판과 감귤밭이었다. 주변 지역의 땅들은 비교적 평탄했고, 주변 오름들의 높이도 항공기의 출도착 운영에 문제가 되지 않는 수준으로 평가되었다. 다른 항공학적 조건들도 양호하게 평가되었다. 남쪽에서 불어오는 계절풍을 정면으로 받으며 활주로를 배치하기에도 적합했고, 다른 후보지보다 안개 일수도 적은 것으로 확인되었다.

　우리는 인근 지역에서 제일 높은 성산 기상대에도 올라가 보았다. 하얀색 원통 모양의 기상대 건물 위에서 내려다보니, 발아래로 펼쳐진 초원과 감귤밭, 멀리 보이는 성산 일출봉과 푸른 바다가 한눈에 들어왔다. 그곳에서 근무하던 기상대 직원분이 다가와 물었다.

　"무슨 일 때문에 오셨어요?"

　우리는 잠시 망설이다가 웃으며 대답했다.

　"제주에 부동산 투자 좀 하려고요. 땅을 좀 보러 다니는 중입니다."

　사실 공항 후보지를 둘러보러 왔다고 말할 수는 없었다. 당시 공항 건설 논의는 예민한 사안이었고, 주민들이나 관계자들 모두 신경이 곤두서 있었으니까. 그러나 그 순간의 농담 섞인 대답은 제주 지역에서는 중요한 현실을 의미하는 것이었다.

　기상대 근무자는 "요즘 대정지역이든 이쪽 성산지역이든 땅에 투자하려는 육지 사람들이 많이 온대요."라고 답했다.

　공항 후보지 온평리 마을 어귀의 작은 식당에 들렀다가 흥미로운 이야기를 들을 수 있었다. 식당을 운영하면서 무 밭을 가꾼다는 어르신은 이렇게 말했다.

　"요즘 제주에 신공항을 건설한다는 소문이 퍼져서, 모슬포나 대정 쪽은 벌써 땅값이 많이 치솟았어요. 그런데 성산 쪽은 아직도 별로예요. 서쪽에 비해 동쪽은 개발이 너무 안 되고 있잖아요."

　그의 목소리에는 기대와 불안이 섞여 있었다. 개발이 늦는 것에 대한 아쉬움이었지만, 한편으로는 제주도에 새롭게 다가오는 거대한 변화가 과연 이 마을의 삶을 어떻게 바꿀지 알 수 없는 막막함이 스며 있었다.

　다른 후보지들은 어떨까. 대정읍 신도리는 제주 남서쪽 끝자락에 위치

　　　　　　　　　　　　　　공항을 계획하며, 미래를 고민하다

해 있었다. 이곳은 비교적 넓은 평지가 펼쳐져 있어 활주로 배치 자체는 가능했지만, 향후 확장 가능성, 수월봉 방향으로 이착륙을 하게 됨에 따른 안전성 확보 문제 등에 대한 검토가 필요하였다. 김녕리는 해안가 인근이라 활주로 건설 여건은 좋은 편이나, 주변에 오름과 동굴 등 문화유산 보전 지역이 많아 개발 제약이 컸다. 그리고 무엇보다 접근성에서도 불리했다.

이렇게 하나하나 항목별로 구분하여 평가를 수행하였고, 성산이 상대적으로 높은 점수를 얻게 되었다. 그러나 이 과정에서 점수표가 우리에게 말해 주지 못하는 것이 있었다. 바로 그곳에서 살아가는 사람들의 삶이다. 땅 위에서 농사를 짓고, 바다로 나가 고기를 잡고, 조상 대대로 지켜온 마을 공동체 속에서 살아가는 주민들의 목소리였다. 공항 후보지를 방문할 때마다 만나는 주민들의 눈빛은 나에게 묵직한 질문을 던졌다.

"당신들은 여기에 공항을 세우고 나면, 우리 마을이 어떻게 변하게 될지 생각해 본 적 있습니까?"

나는 그 질문 앞에서 늘 잠시 멈추곤 했다. 공항은 분명 필요하다. 지금의 제주공항은 한계에 다다랐다. 더 이상은 안전 문제를 감당할 수도, 늘어나는 관광 수요를 소화할 수도 없다. 그러나 공항이 필요하다는 이유로 그 지역에서 오랜 세월을 보내온 분들의 삶을 송두리째 바꿔도 되는 걸까. 그것은 단순한 토목 공사가 아니라, 누군가의 삶을 재편성하는 일이기 때문이다.

제주 제2공항 건설 논의는 국토교통부가 제주도청과 함께 입지 선정 용역 결과를 2015년 11월 발표하면서부터 본격화되었다. 발표 직후부터 마을 분위기는 술렁였다. 성산읍 신산리, 온평리, 난산리 일대 주민들은 '이게 갑자기 무슨 일인가!' 하는 반응을 보였다. 평생 밭을 갈고 무를 경작하고 감귤을 키우던 땅이 하루아침에 '공항 예정지'라는 이름표를 달게 되었기 때문이다. 공항이 들어서면 그들의 삶터는 금전적인 보상금과 이주 대책이라는 이름으로 보상을 받게 되겠지만, 그곳에서 태어나고 죽어간 조상의 무덤, 함께 흙을 밟으며 살아온 마을의 공동체는 어디에서도 보상받을 수 없기 때문이었다.

2016년 1월, 성산읍 국민체육센터에서 주민설명회가 열렸다. 회의장은 이미 들어서자마자 뜨거운 열기로 가득했다. '제주공항 인프라 확충 사전 타당성 연구'를 해 오던 관계자가 '제주 제2공항 기본계획'을 발표하려 하였으나, 그의 마이크 소리는 여기저기서 터져 나오는 주민들의 고성과 뒤엉켰다.

"우리 마을을 없애고 공항을 짓겠다고? 누구 맘대로 그래!"

"도민 합의도 없이 결정하는 게 말이 돼?"

"당신들, 제주도의 자연을 파괴하지 말아라!"

책상 위에는 이미 '공항 반대'라는 피켓이 놓여 있었다. 일부 주민은 손팻말을 들고 의자에 앉아 있었고, 어떤 이는 아예 발표자를 향해 걸어가 마이크를 빼앗으려 했다. 사회자가 황급히 제지했지만, 이미 설명회장은 '설명'이 아니라 '충돌'의 현장이 되어 버렸다. 그 후로도 여러 번의 주민설명회, 그 중 기억에 남는 장면이 있다. 앞줄에 앉아 있던 70대 노인분이 자리에서 벌떡 일어나더니 마이크를 잡았다.

"나는 이 마을에서 태어나 평생을 농사만 지으며 살아왔다. 우리 선산도 여기에 있고, 우리 아이들도 여기서 자랐다. 그런데 공항을 짓겠다고?

        공항을 계획하며, 미래를 고민하다

보상금 몇 푼 준다고 해서 내가 떠나야 한단 말이냐. 나는 이 땅을 떠나지 않을 거다."

그의 목소리는 떨렸지만 단호했다. 잠시 회의장은 고요해졌다. 그러나 이내 다른 주민이 소리쳤다. "우린 찬성이야! 공항이 들어오면 우리 마을도 개발되고 일자리도 생기잖아!" 순식간에 마을 주민들 사이에서도 갈라진 목소리가 부딪혔다. 반대하는 이들은 삶터를 지키려는 절박한 심정이었고, 찬성하는 이들은 지역 발전의 기회라 믿었다. 누구도 틀리지 않았지만, 누구도 양보하지 않았다. '현 제주공항의 위험성 해소'와 '국가 정책의 필요성'을 외치는 목소리와 공항을 반대하는 분들의 고함이 동시에 들렸다. 주민분들은 서로 모여 앉아 이야기를 나눴다. 어떤 이는 "이 기회에 마을이 발전해야 한다."고 주장했고, 다른 이는 "조상 대대로 지켜온 땅을 어떻게 포기하느냐?"며 눈시울을 붉혔다.

그때 나는 깨달았다. 공항 입지 선정이라는 것은 행정 절차의 문제가 아니라, 공동체 내에서 생길 수 있는 갈등의 과정이라는 것을. 도민 전체를 위한 발전이라는 명분과, 마을과 환경을 지키자는 의견이 정면으로 부딪히는 순간이었다.

시간이 흐르며 갈등은 조직화 되었다. 반대 주민들은 '제2공항 반대 대책위'를 꾸렸고, 찬성하는 주민들은 '공항 추진위'를 결성했다. 같은 마을 사람들이지만 서로 다른 깃발을 내걸고 맞섰다. 마을회관은 회의장이자 논쟁의 장이 되었고, 주민들끼리 눈도 마주치지 않는 상황까지 벌어졌다. 예전에는 서로 도와 밭일을 하고, 경조사에는 함께 모여 울고 웃던 사람들이었다. 그러나 이제는 상대방을 향해 '배신자'라는 말까지 서슴지 않았다.

나는 어느 날 온평리에서 반대 주민들이 모인 회의에 참석했다. 그들은 긴 나무 탁자 위에 공항 예정 부지 지도를 펼쳐놓고, 붉은 펜으로 표시를 하며 말했다.

"이 온평리 지역에는 마을 공동묘지가 많아. 여긴 밭이고, 여긴 숨골이 있지. 또한 공항 바로 옆 혼인지는 제주도의 전설을 담고 있는 유적지야."

마을 주민분의 말처럼 제2공항 구역 경계선 안에는 실제로 조상의 묘지들이 있었고, 오래된 돌담길도 있었다. 아이들이 뛰어놀던 마을 운동장도 그 안에 있었다. 또한 혼인지는 옛날 탐라국 시절 고씨, 양씨, 부씨의 시조와 관련된 신화가 전해 오는 곳이다.

제주 제2공항 논의의 현장은 늘 이런 이슈들로 가득했다. 정부가 제시하는 공항 혼잡과 항공 안전 문제와 도민의 감정이 맞섰고, 마을 주민들끼리도 의견이 갈라졌다. 설명회장은 매번 아수라장이 되었고, 언론의 카메라는 그런 장면을 담아갔다. 외부에서 보면 단순한 찬반 갈등 같아 보였지만, 그 안에 들어가 보면 삶에 대한 뿌리 깊은 두려움과 기대가 교차하고 있었다.

성산 지역에서 논의되던 갈등은 곧 도민 사회 전체로 퍼져갔다. 신문 1면에는 매일같이 제2공항 소식이 올랐고, 방송 카메라는 주민설명회에서 벌어지던 고성과 몸싸움을 생생히 보도했다. '제2공항은 제주 발전의 기회인가, 환경 재앙인가' 도민 사회의 화두는 더 이상 관광산업도, 투자 유치도 아닌 오직 공항이었다.

제주도청 앞 광장은 곧 '찬성'과 '반대' 집회로 가득 찼다. 반대 대책위는 빨간 조끼를 입고 '제주2공항 반대' 구호를 외쳤고, 찬성 추진위는 '제주2공항은 도민의 30년 숙원, 제주2공항의 조속한 건설' 구호를 외쳤다. 그

    공항을 계획하며, 미래를 고민하다

들은 서로 다른 날에, 때로는 같은 날에 도청 앞을 채웠다. 집회가 끝나면 전단지와 플랜카드가 북적대던 공간에 휑하니 남았지만, 그보다 더 아픈 것은 사람들 마음속에 남은 앙금이었다.

어느 날 나는 제주 시내 카페에서 우연히 두 지인을 만났다. 한 사람은 관광업에 종사하는 이였고, 다른 한 사람은 육지에서 제주로 내려와서 성산에 집을 짓고 정착한 분이었다.

"공항을 새로 짓지 않으면 우리 애들이 제주를 떠나야 한다니까! 일자리, 일거리가 다 없잖아. 앞으로는 제주에서 먹고살기 힘들어."

"일자리가 왜 공항이랑 연결돼? 우리 삶터가 없어지고 만든 일자리가 무슨 소용이야? 제주 그대로의 모습을 지키는 게 더 중요해."

두 사람은 목소리를 높이다가 앞으로는 서로 공항 이야기는 하지 말자며 논쟁을 접었다. 그날 나는 그 장면을 잊을 수 없었다. 제2공항이라는 하나의 사안이 사람들 사이의 관계까지 바꾸고 있었다. 제주라는 작은 섬은 그만큼 단단한 공동체였지만, 동시에 작은 만큼 갈등이 뿌리 깊게 파고들 수밖에 없었다. 시간이 흐르면서 갈등의 차원은 더욱 복잡해졌다. 환경을 중시하는 분들은 제2공항이 들어서면 철새 도래지와 멸종 위기종 서식지가 파괴된다고 주장했다. 주민들의 삶뿐 아니라 자연의 생태계까지 위협받는다는 경고였다. 반대로 제주 관광업계, 건설업계 등은 제주 경제의 새로운 성장 동력이 필요하다며 제2공항 건설을 강하게 요청했다.

내가 가장 기억하는 장면은 2023년 3월, 서귀포 성산 국민체육센터에서 열린 제주2공항 기본계획 공청회이다. 반대 측 대표인 박찬식 '제2공항 강행 저지 비상도민회의' 위원이 조류 충돌 위험성, 부실한 수요 분석 등을 이유로 반대의견을 설명했고, 찬성 측에서는 오병관 제2공항 성산읍 추진위원회 위원장이 적절한 보상, 친환경 공항 건설, 제주도의 공항 운영 참여 요청 등에 대한 발표를 하였다.

찬반 대표분들의 발표에 이어, 무대에 오른 한 나이 지긋한 어르신이 마이크를 잡았다.

"나는 평생을 제주에서 살아왔어요. 그런데 제주는 더 이상 발전이 안 되고 경기가 죽은 지 오래야. 내 아들, 딸에게 일할 수 있는 일자리를 만들어 주기를 바라요."

그리고 나서, 호텔에서 일한다는 한 중년 남성도 관광객이 늘어야 제주 경기가 좋아질 거라며 찬성 의견을 설명했다. 그리고 한 고등학교 여학생은 무대 위에서 울먹이며 자신의 의견을 이야기했다.

"저도 공항이 필요하다는 말도 이해합니다. 하지만 제주의 환경은 한 번 파괴되면 다시는 되돌릴 수 없습니다. 우리에게 진짜 소중한 것이 무엇인지, 도민 전체가 잘 고민해야 한다고 생각합니다."

   공항을 계획하며, 미래를 고민하다

그 목소리는 떨렸지만, 진심이 묻어났다. 나는 그 순간, 공항 논의가 단순한 찬반의 문제가 아니라, 제주라는 사회가 스스로의 미래를 어떻게 선택할 것인지 묻는 질문임을 깨달았다.

결국 갈등은 현재까지도 끝나지 않았다. 정부는 여러 차례 검토와 설명회를 거듭하였고, 지역에서는 여러 번의 도민 여론조사도 진행되고 있다. 그러나 여전히 성산읍 마을 사람들의 눈물과 도민 전체의 기대와 두려움은 팽팽하게 맞서고 있다.

나는 이런 생각을 하게 된다. 공항은 비행기가 뜨고 내리는 활주로를 가지고 있을 뿐이다. 그러나 사람들에게 공항은 단순한 활주로가 아니라 삶의 터전과 꿈, 그리고 미래의 방향을 가르는 상징이 되어 있다. 나는 언젠가 제2공항 논의가 마무리되었을 때, 그 결론이 무엇이든 간에 제주가 다시 하나로 모일 수 있기를 바란다. 공항을 둘러싼 찬반은 어쩌면 필연적인 과정일지 모른다. 하지만 그 과정에서 잃어버린 신뢰와 공동체의 상처는 무엇으로도 쉽게 치유되지 않을 것이다.

비행기는 하늘을 가로지르며 사람과 사람을 잇는다. 그러나 역설적으로 제주 제2공항은 지금까지 사람과 사람을 갈라놓았다. 언젠가 그 갈라짐을 넘어, 진정으로 사람과 사람을 잇는 공항이 될 수 있을까. 그 답은 아직, 우리 모두의 선택 속에 남아 있다.

2 흑산도 공항, 새떼를 조사하러 섬으로 가다

섬에 들어가는 길은 언제나 설렘과 두려움이 함께한다. 흑산도로 향하는 배에 몸을 실었을 때도 그랬다. 거센 바람에 출렁이는 바다와, 짙은 안개가 깔린 수평선을 바라보면서, 이 섬이 과연 공항을 지을 수 있을 만큼 큰 섬일까, 그리고 그것이 흑산도라는 섬을 위해 가장 좋은 방향일까? 흑산도 공항 건설은 단순히 생각할 수 있는 일반적인 토목사업이 아니었다. 수십 년간 이어져 온 주민들의 교통 불편과 고립의 문제, 그리고 그 섬을 둘러싼 생태적 가치에 대한 논란을 함께 해결해야 하는 과제였다.

섬에 도착한 우리는 곧바로 공항 후보지를 둘러보기로 했다. 흑산도 일주도로를 따라 후보지 지역으로 이동했다. 흑산도의 이름처럼 검푸른 바위와 울창한 숲이 이어졌다. 신안군청에서 공항을 담당하는 분들도 함께 현장을 방문했고, 마을 이장님과 지역 주민분들과 면담도 하였다. 어떤 이들은 "이제 좀 교통이 편해져서 살 수 있겠다."며 웃었고, 또 다른 이들은 "새들이 다 없어지는 것 아니냐?"며 고개를 저었다. 그들의 말이 귓가

          공항을 계획하며, 미래를 고민하다

에 오래 맴돌았다.

조류 연구진과 동행한 현장 조사는 내게 특별한 경험이었다. 나는 그저 초록빛 숲과 파란 바다 위를 날아가는 새 떼를 바라보며 그저 '새가 많다, 아름답다' 정도로만 느낄 수 있었다. 그러나 연구자들은 달랐다. 바람결에 흘러드는 새소리를 듣고, 금세 "저건 도요새다, 저건 수리매다. 방금 울음소리는 소쩍새다." 하고 새 종류를 구분했다. 나로서는 소리의 차이를 구분하기조차 어려운 새소리가 그들의 귀에는 명확한 이름과 생태적 의미로 느껴지는 것이다. 나는 그 순간, '전문가와 비전문가의 간극이 이렇게 크구나!'하는 감탄을 했다. 더구나 그들은 망원경을 보면서 무심히 날아오르는 개체 수도 확인했다. 나로서는 눈앞에 펼쳐진 풍경이 경이로웠을 뿐인데, 그들은 그 경이를 과학의 언어로 번역하고 있었다.

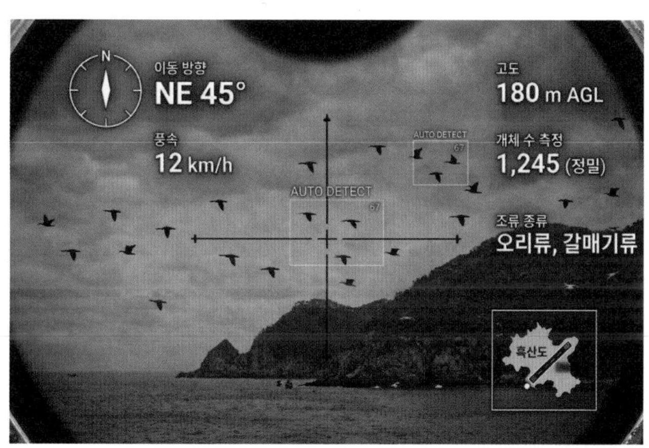

공항 후보지 인근에는 새들이 서식하는 습지가 있었다. 이곳은 철새들이 휴식하고 먹이를 찾는 공간이었다. 가을철이면 수천 마리의 철새가 이곳에 들른다고 했다. 우리는 잠시 걸음을 멈추고 조용히 귀를 기울였다. 숲속에서 들려오는 날갯짓과 울음소리는, 단순한 배경음이 아니라 이 섬의 생명 그 자체였다. 연구자 한 명이 말했다. "이곳에 공항이 들어서면, 새들은 다른 길을 찾아가겠죠. 하지만 새들을 위해서 새로운 서식지를 만들어 주지 않으면 그 길을 잃어버릴 수도 있습니다." 그 말은 단순한 설명이라기보다는 우리가 새를 위해 해주어야 하는 의무를 의미한다.

우리는 단순히 '공항을 지을 것인가, 짓지 않을 것인가'하는 이분법에서 벗어나야 한다. 환경영향평가는 그 절차적 장치이다. 연구자들과 나는 대체 서식지를 조성하는 방안을 두고 긴 시간을 논의했다. 기존의 습지가 훼손되는 만큼, 비슷한 환경의 인공 습지를 다른 곳에 마련해 새들이 머물 수 있도록 보완하는 방안이었다. 하지만 인공 습지가 과연 자연의 습지를 대체할 수 있을까 하는 의문 제기도 있었다. 연구자들은 "완벽할 수는 없지만, 최소한의 안전판은 마련해야 한다. 과거 다른 SOC사업의 경우에 만들어진 대체 습지, 인공 서식지의 장기 모니터링 결과에서도 그 효과는 상당히 입증되고 있다."라고 입을 모았다. 나는 내 수첩에 '완벽한 대안은 없다. 그러나 문제 해결을 위한 최선의 대안을 마련하자'라고 적었다.

마을회관에서 주민들을 만났을 때, 이야기는 다시 현실로 돌아왔다. 한 노인은 내 손을 잡고 말했다. "비바람 치는 날이면 배가 며칠씩 못 다녀요. 섬에 갇혀버리면 약 하나, 병원 하나 제대로 못 가는 게 우리 처지라오." 그 눈빛은 절박했다. 다른 주민은 덧붙였다. "관광객도 불편하다 보니 계속 줄어요. 섬이 죽어간다니까요." 나는 그들의 호소를 외면할 수 없

 공항을 계획하며, 미래를 고민하다

었다. 그들에게 공항은 단순한 이동 수단이 아니라, 삶을 이어가는 끈이었다.

그러나 동시에 환경단체의 목소리도 떠올랐다. 그들은 흑산도의 생태적 가치를 거듭 강조했다. "흑산도는 동아시아 철새 이동 경로의 요충지다. 한 번 훼손되면 돌이킬 수 없다." 나는 그 주장에도 깊이 공감했다. 그렇게 두 목소리는 내 안에서 끝없이 부딪혔다. 한쪽은 생존이고, 다른 한쪽은 보존이었다.

돌아오는 배에서 나는 파도 소리에 귀를 기울였다. 흑산도에 머무는 동안 들었던 새소리가 자꾸만 겹쳐 들렸다. 그리고 주민들의 목소리도 함께 겹쳐왔다. 국가가 해야 할 일은 이 둘 중 하나를 선택하는 것이 아니라, 어떻게든 두 가치를 동시에 지켜내려는 노력이 아닐까. 나는 그렇게 스스로를 다독였다. 공항은 결국 지어질 수도, 지어지지 않을 수도 있다. 그러나 중요한 것은 어떤 결정을 내리든, 그 과정에서 우리는 최대한의 성실함으로 환경을 보호하고, 주민들의 삶을 보듬어야 한다는 사실이었다.

흑산도에서 돌아와 책상 앞에 앉았을 때, 마음은 여전히 복잡했다. 나는 업무 담당자로서 숫자와 보고서, 절차를 다루지만, 그 현장에서는 삶과 생명, 그리고 감정이 숫자를 넘어 우리를 압도한다. 새소리를 듣고 새 종류를 구분해 내던 연구자의 귀, 응급환자를 육지로 보내지 못해 발을 동동 구르던 주민의 손, 그리고 바람결에 흩날리던 흑산도의 숲 냄새까지. 그 모든 것이 내가 하고 있는 업무의 의미를 다시 생각하게 만들었다.

지속가능한 개발이란 결국 타협이 아니라 균형일 것이다. 완벽하지는 않아도, 서로의 가치를 존중하며 가능한 해법을 찾는 일. 흑산도 공항 논의는 그 균형을 찾아가는 지난한 과정이었다. 언젠가 이 경험을 떠올리면, 나는 이렇게 말할 것 같다. "나는 그때 흑산도에서, 공항이란 단어가 단순히 활주로와 건물이 아니라, 사람과 자연, 삶과 생태를 함께 담아야 한다는 사실을 배웠다."

　　　　　　　　　　　공항을 계획하며, 미래를 고민하다

4장 — 활주로 밖, 주민들의 목소리를 듣다
(소음과 개발, 지역 주민의 삶)

어느 여름날, 김포공항 인근 지역의 새벽을 떠올려 본다. 도시의 아침은 일반적으로 사람들이 잠에서 깨어나 활동을 시작하는 시각에 시작되지만, 이곳은 조금 다르다. 아직 해가 완전히 떠오르기 전, 창문을 닫아도 들려오는 비행기 엔진 소리에 눈이 번쩍 떠진다. 마을의 공기는, 비행기 엔진이 남기는 진동으로 묘하게 떨리고 있다. 아이들은 처음엔 놀라 울음을 터뜨리지만, 시간이 지나면서 그 소리에 적응한다. 울음 대신 눈을 비비며 이불 속에서 일어나고, 잠시 후에는 아무 일 없었다는 듯 아침밥을 먹는다.

소음은 그렇게 일상이 된다. 그러나 익숙하다고 해서 무뎌지는 건 아니다. 귀를 자극하는 굉음은 몸에 남아 피로를 쌓게 되고, 때로는 짜증과 분노로 번진다. 나이 지긋한 이웃 어르신은 쌓이는 피로와 밤마다 설치는 잠 때문에 수면 보조제를 끊지 못한다. 공부하는 학생은 집중력이 흐트러져 성적이 떨어진다고 호소한다. 농사를 짓는 주민은 비행기가 지나가는 순간마다 통화를 멈추고, 손에 들고 있던 삽도 내려놓는다. 그 몇

초간의 공백은 사소해 보이지만, 하루에도 수십 번 반복되면 생활 자체
가 흔들린다.

　소음은 소리를 넘어 '관계'를 흔든다. 결혼을 앞둔 젊은 부부가 이 동네
에 집을 마련할까 고민하다가 결국 발길을 돌린다. '아이 키우기 좋은 동
네'라는 말이 무색하다. 아파트값은 다른 지역보다 낮게 형성되지만, 그
것이 마냥 이득이 되지는 않는다. 집을 싸게 살 수는 있어도, 매일 밤잠을
설쳐야 하는 대가가 따라오기 때문이다. 부동산 광고지에는 '소음대책지
원지역'이라는 문구가 당당히 붙어 있지만, 그 말이 곧 이 지역의 낙인처
럼 새겨진다.

　정부와 공항공사는 대책을 내놓는다. 방음 창호 설치, 소음 보상금 지
급, 이주대책 마련 같은 것들이다. 그러나 주민들의 마음을 달래기에는
늘 부족하다. 창문을 두 겹으로 바꾼다고 해서, 하늘을 가르는 굉음이 사
라지는 건 아니다. TV 수신료와 냉방비가 보상으로 지급된다고 해도, 사

라진 잠과 잃어버린 평온을 되찾아 주지는 못한다. 무엇보다 사람들은 묻는다. "왜 우리가 피해를 감수해야 하느냐?"고.

서울시에 있는 공항 소음 대책 주민지원센터에서 조사한 자료에 의하면, 공항 인근의 주민분들은 청각장애, 수면장애, 집중력 저하, 계산력 저하 등과 같은 스트레스로 삶의 질이 저하되고 있다고 한다. 김포공항이나 제주공항 주변에서는 여름철 창문조차 열지 못하는 현실이 언론에 보도되곤 했다. 그때마다 '공항이 지역 발전에 기여한다'는 명분과 '주민 삶의 권리가 침해된다'는 목소리가 서로 부딪힌다.

아이러니하게도, 공항이 들어서면서 동시에 개발 호재가 생겨서 주변이 발전한다. 도로가 넓어지고, 상권이 살아난다. 물류와 관광이 활발해지고, 일자리가 늘어난다. 소음이 문제가 되지만 '지역 발전'이라는 이름의 혜택을 일부 주민은 누리게 된다. 그러나 그 혜택이 모두에게 고르게 돌아가는 것은 아니다. 누군가는 소음 보상비로 아이 학원비를 충당하기도 하지만, 또 다른 이는 집을 팔고 떠나고 싶어도 매수자가 없어 발이 묶인다. 개발의 명암이, 같은 동네 안에서도 이웃을 갈라놓는다.

어느 날 열린 주민설명회. 마을회관에는 수십 명이 모여 앉았다. 공항공사와 지방항공청 관계자가 소음 측정 결과와 향후 주민지원사업에 대한 대책을 설명한다. 차분히 듣는 이도 있었지만, 이내 목소리가 높아졌다. "우리가 언제까지 이렇게 살아야 합니까?", "당신들도 여기 와서 살아봐요!" 언성이 높아지고, 누군가는 회의장을 박차고 나간다.

갈등은 단순히 '주민 대 공항'의 구도가 아니다. 보상에 만족하는 이들과 여전히 불만을 품는 이들 사이에서도 균열이 생긴다. 같은 이웃끼리 서로 다른 선택을 하고, 그 차이가 불신과 반목으로 이어진다.

나는 이 갈등의 풍경 속에서, 공항이라는 존재가 지역 공동체를 어떻게 흔드는지를 바라본다. 소음은 단지 귀에 들리는 문제만이 아니다. 그것은 삶터를 바꾸고, 사람들의 관계를 재편하며, 한 마을의 미래까지 바꿔 놓는다. 공항은 늘 '국가 발전'의 이름으로 지어졌지만, 그 곁에 사는 사람들은 늘 희생을 감수해야 했다. 발전과 삶의 질 사이에서 균형을 찾는 일은 말처럼 쉽지 않다.

이야기는 여기서 끝나지 않는다. 소음으로 인한 갈등은, 단순한 불만 표출에서 그치지 않고, 제도의 문제로 이어진다. 누가 보상을 받을 권리가 있는지, 얼마를 받아야 합리적인지, 어떤 방식으로 소음 피해를 줄일 수 있는지가 결국 제도 속에서 정리된다. 그러나 제도가 언제나 주민의 목소리를 온전히 담아내는 것은 아니다. 그 간극이 다시 갈등의 불씨가 된다.

소음 문제는 공항 근처 주민의 일상만 무너뜨리는 게 아니다. 제도와 정책의 시험대가 되기도 한다. 대한민국에는 '공항소음 방지 및 소음대책지역 지원에 관한 법률'이라는 이름이 길고 복잡한 법이 존재한다. 이 법은 공항 인근의 소음 피해 주민들에게 방음 시설을 지원하거나, 주민 복지 증진과 소득 증대를 위한 사업들을 추진한다. 법에 의한 합리적인 장치를 마련해 둔 것이다. 피해를 보는 주민분들에게 그에 맞는 보상을 한다는 원칙은 단순하다.

하지만 현실은 그렇게 단순하지 않다. 소음대책지역을 설정하는 과정부터 논란이 불거진다. 항공기가 지나가는 항로와 고도를 기준으로 소음 등고선을 그리고 '이 선 안쪽 지역은 지원을 한다'라고 정한다. 그러므로 선이 어디에 그려지느냐에 따라 운명이 갈린다. 똑같이 시끄럽다고 느끼는데, 우리 집은 보상 대상이고, 이웃집은 제외된다면? 그때부터 갈등은

　　　　　　　　　　　　공항을 계획하며, 미래를 고민하다

이웃 사이의 싸움으로 번진다. 주민들은 설명회를 찾아가 따지고, 민원을 제기하기도 한다. 결국 '소음 피해'라는 같은 고통을 겪던 사람들이 '보상 대상'과 '비대상'으로 갈라서게 된다.

여기에 개발 문제까지 얽히면 상황은 더 복잡해진다. 공항이 가까운 곳은 땅값이 오르기도 하고, 반대로 소음 때문에 땅값이 떨어지기도 한다. 소음 대책이 발표되면 보상금 수령 여부에 따라 또다시 차이가 생긴다. 보상을 받는 분들은 '소음피해가 심하기는 해도, 방음 창호 교체와 지원금이라도 받았다'고 말씀하는데, 다른 한쪽은 여전히 시끄러운데 돈도 못 받는다며 불만을 토로한다. 결국 공항 소음은 단순히 '환경문제'가 아니라, 공동체 내부의 사회 문제로 진화한다.

나는 이 지점에서 질문을 던지게 된다. 국가가 추진하는 대규모 인프라 사업은 왜 늘 주민 삶터와 갈등이 생기는가? 공항은 국토의 균형 발전을

위해 필요하다. 지방 공항 하나가 생기면, 관광이 활성화되고 지역 경제가 살아난다.

하지만 그 성과가 모두의 몫은 아니다. 일부 주민은 관광객이 늘어난 덕분에 가게 매출이 오른다. 반면에 활주로 인근 마을 주민은 밤마다 잠을 설치며 건강을 잃는다. 한쪽은 혜택을 보고, 다른 쪽은 피해를 감수한다. 발전이라는 이름 아래, 불평등이 새로 생겨나는 셈이다.

이와 같은 소음 문제는 공항 주변 주민과 공항 운영 주체들이 모여서 소음 관리 방안을 논의할 수 있는 제도를 통해 보완되어진다. 김포, 김해, 제주 같은 주요 공항에서는 주민대표, 지자체, 공항공사가 함께 참여하는 '공항소음대책협의회'를 운영한다. 협의회는 주로 공항공사가 회의 안건을 올리고, 주민대표들도 의견을 내는 형태로 운영되지만, 주민분들의 요구사항을 충분히 만족시켜 드리지 못하는 한계에 도달하곤 한다.

공항 소음 문제는 결국 '민주주의'의 문제와 맞닿아 있다. 국가가 필요로 하는 발전 논리에 대응해서, 주민이 자신의 권리를 주장하는 과정은 민주주의의 핵심이다. 그런데 우리 사회는 발전을 중요시하는 경향이 강하다. 국익이라는 이름 아래, 개인의 삶이 희생되는 경우가 많은 게 현실이다. '공항을 건설해야 지역을 살릴 수 있다'는 논리가 소음 문제를 압도한다. 하지만 그 지역을 진짜로 지탱하는 건, 거기에 사는 사람들의 삶이다. 그 삶을 보듬지 못한다면, 발전이라는 말은 공허한 메아리에 불과하다.

공항 소음은 단순히 과거의 문제가 아니라, 앞으로 더 커질 문제다. 항공 수요는 계속 늘고, 저비용항공사(LCC)의 성장은 비행기 이착륙 횟수를 늘린다. 야간 운항 제한을 두더라도, 지역 경제 논리에 계속 밀리고 예

　　　　　　　공항을 계획하며, 미래를 고민하다

외를 허용해 달라는 요구가 계속된다. 항공 기술이 발전하면 소음이 줄어들 것이라는 기대도 해보지만, 실제 현장에서 체감하는 변화는 아직 미미하다. 소음은 여전히 삶의 질을 좌우하는 현실적 문제다.

그래서 나는 생각한다. 공항 소음 문제를 해결하려면 단순히 '소음을 줄이는 기술'이나 '소음 피해를 금전적으로 지원해 주는 보상'을 넘어서야 한다고. 주민과 정부, 지자체, 공항공사가 동등하게 대화하는 구조가 필요하다. 발전의 성과와 피해의 부담을 공정하게 나누는 제도가 필요하다. 그래야만 공항은 '국가 발전의 상징'일 뿐 아니라, '지역과 공존하는 삶터'가 될 수 있다.

공항 입지와 건설, 운영을 이야기하면서 가장 중요한 요소가 소음 이슈이다. 소음과 지역 주민들의 삶, 그리고 그 사이에서 생겨난 갈등이 앞으로도 계속 풀어나가야 할 핵심이다.

5장 — 갈등을 넘어 상생으로 가는 길
(정부, 지자체, 주민이 함께 만드는 공항)

공항을 계획하고 입지를 정하는 과정 중에 이와 같은 중요한 결정을 지역 주민분들께 알리는 일은 대개 마을회관의 플라스틱 의자에서, 혹은 체육관에 임시로 설치한 스크린 앞에서 시작된다. 회의록에는 '주민설명회 개최'라고 간단히 기록되었지만, 그 자리에 모인 사람들은 "공항이 들어오면, 우리 집과 마을은 어떻게 되는 거지?", "도로는 어떻게 연결되지?", "우리 집과 내 과수원, 축사는 토지보상 구역인지, 소음대책지역인지?" 이와 같은 구체적인 질문들을 들고 나온다.

정부는 법과 절차를 이야기하고, 일정 계획을 설명하고, 지자체는 지역발전의 청사진을 펼친다. 주민들은 그들의 삶의 냄새가 묻어나는 질문을 던진다. 공항의 계획과 건설은 거대한 국가사업이면서 '사람의 일'로 다가온다.

한 번은 지역에서 주민설명회를 하던 참이었다. 공항의 개발계획과 관련한 시설배치계획과 '사전타당성조사'와 '예비타당성조사'의 결과에 대해 상세하게 설명했다. 숫자와 그래프가 가득한 발표 자료와 함께. 하지만 맨 앞줄의 할머니가 손을 들고 물었다. "공항시설을 추가로 확장하면 비행기가 더 많이 뜰 텐데, 그러면 우리는 밤에 어떻게 잠을 자라는 거죠? 그런 피해는 어떻게 보상해 주죠?" 잠깐의 정적. 발표자는 페이지를 넘기다 말고 고개를 들었다. 그런 질문에 대해서는 "나중에 소음 정도를 측정해서 관련 법에 따라 보상해 드릴 겁니다."라는 답변이 모범답안이었지만, 그 자리에서는 즉시 그렇게 답하기는 쉽지 않았다. 나는 그 순간을 잊지 못한다. 정부가 이야기하는 '계획의 언어'와 주민분들의 '삶의 언어'가 만나는 자리에서, 공항은 단순히 숫자를 통해 설명할 대상이 아니라 배려와 신뢰가 중요하다는 사실을 알 수 있었다.

지자체의 표정은 더 복잡하다. 지자체장은 공항을 기회라고 부른다. "관문 공항이 생기면 기업이 오고, 일자리가 생깁니다." 옳은 말이다. 그러나 같은 회의장 안에 있는 지자체 공무원들과 주민대표는 서로 다른 시간대를 사는 것 같다. 지자체는 다음 선거까지의 시간을, 주민은 자녀가 초등학교를 졸업하고 중학교에 들어갈 때까지의 시간을 생각한다. 개발의 수혜가 오긴 올 텐데, 그때 나는 어떤 혜택을 볼 수 있을까? 이 단순한 질문이 마을에서 수년째 오르내린다.

정부와 지자체, 주민과의 갈등은 절차가 진행되는 속도와 대화 속에서 점점 커진다. 정부나 지자체의 개발계획은 일정표대로 굴러가야 한다. 조사나 설계 용역은 언제 끝나고, 심의는 언제 열리고, 착공은 언제 하게 되고, 보상은 언제 시작하는지 미리 정해야 한다. 반면 주민들과의 대화와 소통, 합의는 시간이 많이 걸리고 느리다. 어제 들었던 이야기를 오늘 다시 묻고, 이웃의 표정을 살피고, 가족과 상의한다. 정부는 '충분한 설명'을 했다고 믿는 시간들이, 주민에게는 '아직 시작도 안 한 이야기'일 때가 많다. 그래서 설명회가 공청회가 되고, 공청회가 집회로 변한다. 절차는 일단 진행되지만, 주민들이 정부와 지자체에 갖는 신뢰는 제자리를 찾지 못한다.

나는 공항에 대한 합의가 어떻게 만들어지는지를 옆에서 지켜보며, 한 가지 단순한 진실을 배웠다. 합의는 양측 중에 누군가 '이기는 쪽'이 생기는 방식으로는 이루어지지 않는다. 합의는 '졌다고 느끼는 사람이 최소화되는 방식'으로만 가능하다. 공항 같은 대형 인프라는 본질적으로 불균형을 낳는다. 공사 현장이 본격적으로 열리면 누군가는 일감을 얻고, 누군가는 소음을 얻는다. 도시 전체로 보면 이익이지만, 모든 사람들이 그 이익으로 만족을 느끼지는 않는다. 그러다 보니, 합의란 이익과 손해를 공평하게 딱 맞게 나누는 일이 아니라, 손해를 감당하는 사람에게 이익을 보는 사람이 전달하는 감사의 의미라고 하는 편이 가깝다.

공항 주변에서 정부와 지자체, 주민의 공존에 대한 논의의 핵심은 앞에서도 설명했었던 항공기 소음 이슈이다. 공항이 운영되다 보면 항공기 소음이 늘게 되는데, 이에 대한 손해를 보상해 주는 제도가 공항 소음 대책 사업이다. 이를 통해서 김포·김해·제주 공항 인근 마을에 방음창이 설치되고, 에어컨이 보급되었다. 여름철 전기요금, TV수신료 등 보상금도 지원되었지만, 이러한 지원은 어디까지나 '보상'이었다. 고통의 근본 원인, 즉 소음을 줄이는 데에는 큰 도움이 되지 못했다.

공항 주변 지역에는 '상생발전협의회'라는 이름의 모임이 운영된다. 주민대표와 지자체 관계자, 공항공사 담당자들이 모이는 자리이다. 주민들은 공항 소음 피해를 호소하면서 "야간 운항을 제한해 달라."고 했고, 공사 측은 '지방 공항 활성화와 불가피하게 생기는 야간 운항에 대한 양해'

　　　　　　　　　　　　　　　　　　공항을 계획하며, 미래를 고민하다

를 요청했다. 서로가 동상이몽이었지만, 같이 모여서 소통한다는 것은 의미가 있는 것이었다. 어느 날 주민대표가 얼마전 늦은 밤 항공기가 착륙할 때의 소음과 영상을 가져왔다. 밤 11시가 넘은 시간, 창틀이 떨리고 갓난아이는 놀라 울음을 터뜨렸다. 그 장면을 보면서 공항공사 실무자는 "대책을 마련해 보자."는 말을 꺼냈다. 그렇게 서로에게 가까이 다가가고 있는 것이었다. 누구의 논리가 더 정확한 것인지가 아니라, 누구의 경험이 더 진실한지가 중요한 의미를 갖는다.

공항공사 실무자들도 사실 사람이다. 설명회가 끝나고 나면, 그들도 종종 한숨을 쉰다. "저희도 밤늦게까지 일합니다. 악역을 맡는 기분이에요." 나는 그 말이 변명으로 들리지 않았다. 국가의 계획을 설명하러 온 사람도, 그 계획의 영향을 온몸으로 받는 사람도, 결국 같은 동네, 같은 하늘 아래 산다. 공존은 상대가 악당이 아니라고 인정하는 데서 시작된다. 악당을 무찌르는 대신 이웃을 설득하는 일, 그 촘촘한 인내가 공항의 미래를 만든다.

그렇다고 현실을 간과할 수는 없다. 합의는 비용이 든다. 야간 운항 제한과 공항의 저소음 운항절차, 여러 가지 규제들을 지키자면 항공사의 수익이 줄고, 추가로 생기는 문제들도 많다. 주민들이 원하는 대로 소음 피해 보상 범위를 넓히자면 예산이 더 필요하다. 소음대책지역 내 토지에 대한 매수청구에도 비용이 많이 든다. 공존은 더 많은 계산을 요구하는 것이다. 그래서 책임의 분담, 재원의 분담, 결정의 분담이 필요하다. 정부가 큰 원칙과 돈을, 공항공사와 지자체가 실행과 조정을, 주민이 감시를 맡는다. 각각의 몫과 역할이 분명해질 때, 공항은 서서히 우리와 함께하게 된다.

종종 해외 공항의 협의체와 다른 지역 공항의 사례를 가져와 워크숍을 열면, 많이들 관심을 갖는다. "거기도 오랜 시간이 걸렸다지만, 결국 이렇게 제도를 만들었네." "이 부분은 우리와 다르지만, 저 방식은 배울 만하네." 비교는 경쟁이 아니라 학습이 된다. 나는 그 자리에는 한 가지 원칙이 기초에 흐른다고 믿는다. '서로 합의한다는 것은 완성형이 아니라 갱신형'이라는 것. 해마다 상황이 바뀌고, 사람도 바뀐다. 그래서 협의체의 성패는 합의문이 아니라, 합의를 계속하기로 한 바로 그 합의에 달려 있다. 만남을 멈추지 않는 약속, 그것이 제도다.

밤이 깊어지면 공항 주변은 조용해지지만, 공항은 또 다른 내일의 새벽을 준비하느라 여전히 바쁘다. 나는 활주로를 환하게 밝히는 활주로 등과 그 불빛들 사이에서 그간의 수많은 약속들을 떠올려 본다. 설명회에 나왔던 질문들, 협의체에서 주민들과 했던 논의들, 주민지원센터에 찾아오시는 분들의 목소리, 그 약속들은 아직 완성형이 아니다. 내일 그리고 또 그 다음날, 다시 만나고 또다시 이야기해야 한다. 공항은 그렇게 조금씩 사람들을 만나며 다듬어진다. 완벽하지는 않지만, 공항의 계획과 건설이란 결국 그런 일이다. 도면을 그리고 토공 작업을 하고 콘크리트를 타설하는 일만이 아니라, 서로의 목소리를 듣고, 몰랐던 것들을 찾아 고치고, 옳다고 믿는 것들을 서로 나누는 그런 일들.

앞으로 한국의 공항 정책이 나아가야 할 길은 분명하다. 공항과 관련한 소음 문제를 단순한 보상 문제가 아니라, 지역의 지속가능성과 연결된 공존의 과제로 다루어야 한다. 주민들이 정책 형성 단계부터 참여하고, 소음 측정과 대책 집행 과정도 주민들이 실질적으로 직접 참여하고 함께 논의하면서 나아가야 한다. 또, 창문을 바꿔주는 일회성 지원 수준을 넘어, 마을의 재생·교육 지원·이주 대책 등 삶의 질을 회복할 수 있는 종합적인

　　　　　　　　　　　　공항을 계획하며, 미래를 고민하다

프로그램을 좀더 고민하여야 한다.

갈등은 사라지지 않는다. 그러나 잘 설계된 제도는 갈등 '유발'이 아니라 '대화'로 바꿀 수 있다. 사람들은 자기 목소리가 반영되는 한 불이익을 감내할 수 있다. 합의란 의견이 같다는 뜻이 아니라, 다름을 인정하면서도 함께 살아갈 틀을 만드는 과정이다. 공항이라는 존재는 결코 혼자 지어지지도 않고, 혼자 운영되지도 않는다. 그것은 정부와 기업, 지역과 주민이 함께 만드는 사회적 합작품이다.

앞으로의 공항은 단순히 비행기의 이착륙장이 아니라, 지역 공동체와 얽힌 생활공간으로 이해되어야 한다. 소음 갈등은 그 얽힘을 보여 주는 가장 민감한 징후다. 그 갈등을 어떻게 다루느냐가 공항과 공동체의 미래를 결정한다. 소음을 없앨 수는 없다. 그러나 목소리를 나눌 수는 있다. 공항이 지역의 적이 아니라, 함께 살아가는 이웃이 되려면, 이제 우리 제도를 더 정교하게 만들어야 한다.

제2부

잠들지 않는 공항의 24시

(공항의 운영)

1장 — 이른 새벽, 공항의 하루가 시작된다
(모두가 잠든 시간, 공항의 운영 준비)

공항의 하루는 우리가 생각하는 것보다 훨씬 일찍, 훨씬 넓은 공간에서 시작된다. 활주로와 주기장이 펼쳐지는 공항 터미널 바깥 공간, 에어사이드는 언제나 가장 먼저 움직인다. 어둠 속에서 활주로 점검 차량이 천천히 길을 열고, 기체 아래에서는 정비사가 비행기를 살피며, 조업사들도 항공기의 손발을 맞춰준다. 공항 건물 안쪽, 랜드사이드에서도 또 다른 하루가 함께 깨어난다. 청소 장비가 불을 밝히고, 체크인 카운터 뒤에서는 항공사 직원들이 데이터를 점검하고, 보안요원들과 출입국과 세관, 검역 직원들도 각자의 자리에서 사람들을 맞이할 준비를 한다. 에어사이드가 비행기의 길을 여는 곳이라면, 랜드사이드는 사람의 길을 여는 곳이다.

에어사이드는 새벽이 되면 언제나 가장 먼저 깨어나는 곳이다. 에어사이드 활주로에서 바람을 가장 먼저 만나는 이들은 활주로 점검 요원들이다. 이들은 언제나 가장 일찍 현장에 나온다. 비가 오든 눈이 내리든 활주로는 일정하게 관리돼야 한다. 활주로는 단순한 콘크리트나 아스팔트 구조물이 아니다. 수천 명이 지상에서 하늘로 이동하는 관문이다. 활주로

공항을 계획하며, 미래를 고민하다

점검 직원들은 활주로의 표면을 꼼꼼히 훑고, 작은 균열이나 파편, 이전 항공기가 남기고 간 고무 잔여물까지 확인한다. 비행기가 이착륙하는 순간에는 어느 부분도 허술할 수 없다. 작은 볼트 하나도 엔진에 빨려 들어가면 위험 요소가 된다. 그들은 이 작은 점검 절차가 누군가의 여행뿐 아니라 생명과 직결되는 일이라는 사실을 잘 알고 있다.

관제탑은 늘 조금 다른 세계에 있다. 멀리 떨어져 있으면서 모든 것을 볼 수 있는 공간. 이곳에서 근무하는 관제사들은 비행기 한 대가 움직이기 전부터 이미 복잡한 정보를 다루기 시작한다. 기상 자료, 풍향, 측풍 한계, 항로 간섭 등 수많은 변수를 실시간으로 판단해야 한다. 관제사는 말하자면 공항 전체의 '시간 관리자'이다.

그가 전체 항공편 흐름을 어떻게 관리하느냐에 따라 작은 여유가 생기기도 하고, 항공기 여러 대가 대기하여 줄줄이 출도착이 미뤄질 수도 있다. 하나의 활주로로 운영되는 제주공항의 경우를 살펴보면, 관제사들이 내리는 선택과 결정의 무게는 더 커질 수밖에 없다.

주기장에서는 정비사들이 하루의 중심을 지키고 있다. 비행기는 운항을 할 때마다 기체 곳곳의 볼트, 유압장치, 랜딩기어, 브레이크 패드, 눈에 띄지 않는 계기 하나까지 정비사의 손과 눈을 거쳐야 한다. 정비는 고장 난 부품을 단순히 고치는 일이 아니다. 오히려 '고장이 나지 않게 만드는 것'에 가깝다. 좋은 정비란 고장난 부분을 수리하는 것이 아니라, 고장 날 가능성을 사전에 없애는 일이다. 정비사를 오랫동안 지켜보고 있노라면, 그들이 지닌 신중함이 공항과 항공의 안전을 떠받치는 가장 중요한 기둥이라는 사실을 자연스럽게 이해하게 된다.

조업사들은 에어사이드에서 가장 역동적인 움직임을 보이는 사람들이다. 이들의 업무는 에어사이드 안에서 볼 수 있는 대부분의 절차를 포함한다. 항공기의 주기 위치를 잡아 주는 '마샬링'에서부터 수하물을 싣고 내리는 작업, 급유, 기내식 적재, 비행기 청소, 탑승교 연결, 견인 차량 운행까지 그 범위는 생각보다 훨씬 넓고 복잡하다. 비행기 한 대가 다시 하늘로 떠오르기 위해 필요한 모든 절차가 이들의 손을 통해 이뤄진다고 해도 과언이 아니다. 많은 승객은 자신이 비행기를 타는 순간만 기억하지만, 사실 비행기 한 대가 하늘로 오르기까지 수십 명의 조업사들이 동시에 움직여야 한다. 그들의 하루는 기계와 사람 사이에서 정확성을 유지하는 일로 채워진다. 짧은 시간 안에 정확한 일을 반복해야 하기 때문이다. 특히 제주공항처럼 항공기 회전율이 높은 곳에서는 조업사들의 동선이 곧 공항 운영의 속도를 의미한다.

시간이 지나 어느새 아침이 되고, 활주로는 마치 하루 종일 그랬다는 듯 당연한 질서 속에 움직인다. 우리는 그 질서의 바탕에는 위와 같이 눈에 잘 띄지 않는 사람들의 하루가 있다는 사실을 깨달아야 한다. 그들의 움직임은 결코 화려하지 않다. 정비사와 조업사, 관제사와 활주로 점검 요원들. 이들의 하루에는 드라마틱한 순간보다 묵묵한 반복과 비교적 무덤덤한 긴장감의 시간이 대부분이다.

그러나 단 하나의 실수가 큰 사고로 이어질 수 있는 공간이 바로 에어사이드이다. 그래서 이곳에서 일하는 사람들은 늘 자신이 '중요한 일을 하고 있다'는 자각을 잊지 않는다. 어떤 조업사는 말했다. "우리가 실수하면 뉴스에 나오지만, 우리가 잘하면 아무도 모릅니다." 맞는 말이다. 공항의 안전은 사람들이 잘했을 때는 드러나지 않고, 실수했을 때만 크게 드러난다. 그 부당한 구조 속에서도 이들은 하루하루 같은 절차를 지키며 공항의 시간을 이어간다.

에어사이드에서의 하루는 단순히 공항에서의 하루가 아니다. 그것은 누군가의 가족이 올려다볼 하늘을 열어 주는 일이며, 어떤 이의 여행을 무사히 시작하게 해주는 일이다. 비행기는 하늘로 떠올라 멀리 사라지지만, 그 뒤에는 언제나 이 공간에서 일하는 사람들의 땀과 판단이 남아 있다. 공항의 하루가 이토록 정교하고 치밀한 이유는 바로 이러한 공항의 뒷면에서 묵묵히 일하고 책임지는 사람들이 있기 때문이다.

그래서 나는 공항에서 비행기가 이륙하는 모습을 볼 때마다, 그 비행기가 멋지게 떠오르는 것은 단지 조종사의 솜씨가 좋아서가 아니라 수많은 사람들의 시간과 노력이 이루어낸 합작품이라는 사실을 되새긴다. 그들이 만든 질서와 책임의 순간들이 결국 비행기의 날개에 실려 올라가는 것이다.

하지만 비행기를 띄우는 일만으로 공항의 하루가 완성되는 것은 아니다. 일반인이 이용하는 공항 터미널에 가보면, 어떤 사람은 비행기 탑승을 위해 길을 묻고, 어떤 사람은 수하물 무게를 걱정하면서 카운터 앞에 서며, 또 어떤 사람은 보안검색대에서 가방을 올리고 외투를 벗으며 긴장한다. 에어사이드에서 비행기가 떠오를 수 있도록 하는 일들이 진행되고 있다면, 사람이 떠날 수 있도록 하는 준비들이 터미널 내부에서 진행되어 진다. 공항은 이렇게 두 세계가 동시에 움직인다. 하나는 비행기를 준비하는 공간이고, 다른 하나는 사람을 떠나보내고 맞이하는 공간이다. 이 두 공간이 서로 연결될 때, 비로소 공항이라는 거대한 생명체가 온전히 작동된다. 우리가 일반적으로 공항에 갈 때 만나는 익숙한 풍경들은 공항 터미널이다. 터미널에 들어와 보면 공항은 하나의 큰 건물을 넘어 도시다. 전기·상하수도·보안·운영·세관·출입국·검역·소방·경찰·상업시설까지 하나의 건물 안에 모든 기능이 들어 있다.

가장 먼저 움직이는 것은 청소와 시설관리다. 이용객이 모두 떠난 뒤에, 청소 직원들은 밤새 바람처럼 터미널 바닥을 훑는다. 광택기 소리가 조용히 울리고, 유리창을 닦는 걸레가 새벽 공기의 차가운 습기를 함께 닦아낸다. 승객들이 도착하기도 전에 바닥은 다시 반들반들하게 되고, 카트 손잡이도 깨끗하게 된다. 우리는 그 깨끗한 공항을 당연하게 여기지만, 사실 그 뒤에는 새벽을 깨우는 분들의 세심한 손길이 들어 있다. 시설관리 담당자들은 전광판과 공조 시스템, 전력 시스템을 점검한다. 터미널은 큰 건물이니만큼 온도 변화도 많이 생길 수 있어서, 시설관리팀은 아침, 점심, 오후 피크 시간대에 따라 공조량을 조절한다. 전광판과 조명, 기타 시스템들도 꼼꼼히 살핀다.

　　　　　　　　　　　　　　　공항을 계획하며, 미래를 고민하다

어느 순간 항공사 직원들이 걸어 들어온다. 말쑥한 정장, 손에 들린 커피, 아직 잠이 덜 깬 표정이지만, 금방 업무 모드로 들어가서 일을 시작한다. 체크인 카운터 사무실 안쪽은 이미 시작부터 분주하다. 각 항공편의 예약 현황을 확인하고, 수하물 시스템과 연동되는 데이터 흐름을 점검하며, 좌석 배정을 위한 사전 시스템 체크가 이루어진다. 승객들이 카운터 앞에 줄을 서기 시작하는 순간부터 이들의 하루는 본격적으로 시작된다.

공항에서 오가는 승객들을 보고 있노라면, 여행에는 늘 변수가 따른다. 대기 좌석을 받고 기뻐하는 사람도 있고, 연결편이 끊어져 당황하는 사람도 있다. 짐이 규정보다 무거워 따로 포장해야 하는 가족도 있고, 여권이 만료된 줄 모르고 온 청년도 있다. 서울로 시합을 가던 초등학교 선수단 지도교사가 미리 모아 두었던 학생들의 신분 서류를 통째로 잃어버려, 단체가 발을 동동 구르는 상황도 발생한다. 그 혼란의 물결 속에서 항공사 직원들은 최소한의 원칙과 최대한의 배려 사이에서 늘 조용하고도 신속하게 움직여 일을 해결한다.

　보안검색대는 랜드사이드의 심장 같은 곳이다. 비행기를 타기 위해서는 모든 사람이 거쳐야 하고, 모든 짐들이 통과해야 한다. 여기서 일하는 보안 검색 요원들은 하루 종일 승객들의 표정과 감정을 지켜보게 된다. 가끔은 "왜 벨트를 풀어야 하느냐?", "왜 노트북을 꺼내야 하느냐?"는 질문도 반복해서 받는다. 승객들과의 작은 다툼과 갈등이 생기기도 하지만, 보안의 원칙은 늘 흔들리지 않는다. 작은 위반 하나가 큰 위험이 될 수 있다는 사실을 이들은 누구보다 잘 알기 때문이다.

　탑승구 주변은 또 다른 세계다. 보안구역 내부로 들어온 승객들은 그제야 진짜 '비행기 타는 사람'이 된 느낌을 받는다. 누군가는 면세점에서 술이나 화장품을 고르고, 누군가는 커피 한 잔으로 긴장을 달래며, 누군가는 생애 처음으로 타는 비행을 앞두고 눈빛이 반짝인다. 탑승구 운영 직원들의 하루는 정신없이 움직인다. 지연되는 항공편을 설명하기도 하고, 노약자와 어린이를 먼저 탑승시키고, 승객 한 명 한 명의 QR 코드를 스캐너로 읽으며 비행을 준비한다.

　랜드사이드에는 보이지 않는 공간도 많다. 수하물 분류센터에서는 승객이 탑승구로 향하는 동안 이미 그들의 짐은 복잡한 벨트 위를 움직이고 있다. 수하물의 바코드가 제대로 읽히지 않으면 가방이 엉뚱한 비행기로 실릴 수도 있으므로, 조업사 직원들은 컨베이어 벨트 옆에서 늘 신경을 곤두세운다.

　경찰대와 소방대는 이 작은 공항 도시의 치안과 안전을 맡는다. 터미널 내부에서 혹시나 비상상황이 생기면 가장 먼저 달려오는 사람들이다. 터미널 한구석에 가방이 오랫동안 방치되어 있을 때, 또한 보안검색대에서

　　　　　　　　　　　　공항을 계획하며, 미래를 고민하다

보안상 문제되는 의심 물품이 나오거나 하는 순간에도 이들은 즉각적인 판단을 내려야 한다.

이외에도 많은 사람들이 랜드사이드에서 근무하며 승객을 맞이한다. 어떤 사람들은 안내 방송을 준비하고, 어떤 사람들은 유실물 보관소에서 하루 종일 분실물을 정리한다. 어떤 직원은 "저 비행기 꼭 타야 하는데요…"라며 숨가쁘게 뛰는 당황한 승객과 같이 뛰기도 하고, 또 어떤 매장 직원은 커피 머신을 닦으며 수백 명이 몰려올 피크 타임을 준비한다.

공항은 비행기만으로 돌아가는 것이 아니다. 그보다 훨씬 많은 수의 사람들이 비행기가 도착하고 출발하는 전후에 수천 개의 장면을 연출하면서 움직인다. 청소직원이 만드는 깨끗함, 시설관리팀이 확인하는 전광판의 비행 스케줄과 출도착 안내, 보안요원들의 분주함, 항공사 직원의 침착한 태도, 경찰과 소방대의 신속한 대응, 그리고 탑승구 직원의 친절함. 이 모든 것이 모여 우리가 '공항'이라 부르는 장소에서의 하루가 만들어진다.

그 하루는 기계가 아니라 사람의 손과 표정과 판단으로 채워져 있다. 비행기는 하늘로 떠나가고, 승객들은 목적지에 도착한다. 그러한 과정의 밑바탕에는 수많은 공항 종사자들이 보내는 긴 하루가 있다는 사실을 우리는 알아야 한다. 그래서 나는 공항에서 사람들이 움직이는 모습을 볼 때마다 이 공간의 진짜 주인은 비행기가 아니라 '공항에서 일하는 사람들'이라는 사실을 다시 생각하게 된다. 공항에서의 하루는 비행기의 첫 이륙으로 시작하는 것이 아니라, 공항에서 일하는 사람들의 땀과 열정, 그리고 그들이 만드는 질서와 책임으로 시작된다. 공항의 하루는 그렇게, 사람이 만들고 사람이 이어가는 거대한 생명체로 완성된다.

공항을 계획하며, 미래를 고민하다

2장 — 태풍의 눈 속에서 기록한 사투
(거대한 자연 앞에 선 제주공항의 긴박한 풍경들)

태풍은 자연의 힘을 우리에게 가장 극적으로 보여 주는 현상이다. 그 앞에서 인간은 얼마나 연약한 존재인지 깨닫게 된다. 하지만 또 한편으로, 그 거대한 힘에 맞서기 위해 인간은 협력하고 준비하며, 스스로의 지혜와 조직을 총동원한다. 2022년 9월, 제11호 태풍 힌남노가 제주를 향해 올라오던 날, 제주공항에서 일하는 사람들은 누구보다도 긴장했었고, 누구보다 분주했다. 이 글은 그들이 어떻게 태풍을 맞이하고, 대비했는지를 담고 있다.

대한민국의 가을은 맑고 푸른 하늘이 자랑이다. 그러나 때때로 한반도를 스치듯 지나가는 태풍이 그 평온한 일상을 무너뜨리곤 한다. 2022년 가을, 제11호 태풍 힌남노의 북상 소식이 전해지자, 제주공항은 단숨에 전운이 감도는 전장과 같은 분위기로 바뀌었다. 활주로를 가로지르는 바람은 아직 거세지 않았지만, 이미 사람들의 표정에는 긴장감이 드리워져 있었다.

공항 근무자들은 태풍 대비를 위해 일사불란하게 준비 태세에 들어갔다. 제주지방항공청과 한국공항공사는 각 항공사의 운항 담당자들을 긴급 소집했고, 국토교통부와 행정안전부는 중앙정부 차원의 대응 방안을 논의하기 위해 화상회의를 열었다. 모니터 화면에 나타난 여러 부처의 관계자들은 태풍 대비책을 논의하며 시나리오별 대응 방안을 공유했다. 공항 폐쇄에 따른 승객 체류 문제, 태풍 이후 신속한 운항 재개 계획, 피해 복구를 위한 지원 체계까지, 다양한 사항들이 논의되었다.

태풍 힌남노에 대비하여 9월 5일 오후 2시 이후 제주 출도착 항공편은 전편 결항이 결정되었다. 이날 예정되었던 왕복 462편의 항공편 중 320편이 사전에 결항되었고, 이후 기상 악화로 추가로 36편도 결항됐다. 공항 전광판에 붉은 글씨로 표시된 "결항" 두 글자가 연달아 떠올랐고, 탑승동은 한숨과 아쉬움으로 가득 찼다. 그러나 공항 관계자들은 이 혼란을 최소화하기 위해 이미 수차례 대책 회의와 시뮬레이션을 거쳤다. 덕분에 질서 정연한 안내와 조치가 가능했다.

 공항을 계획하며, 미래를 고민하다

공항 활주로에서 항공기들이 하나둘 자취를 감추었다. 태풍이 닥치기 전, 제주에 머물던 항공기들은 육지의 다른 공항으로 이동하는 조치가 취해졌다. 이는 단순히 기체 보호에 그치지 않았다. 태풍이 지나간 후 빠르게 운항을 재개하기 위한 필수적인 선제 조치의 의미도 포함한다. 공항 지상 조업 장비들도 꼼꼼하게 고정되었다. 강풍이 불면 공항 시설물과 인명에 피해를 줄 수 있는 중장비들은 안전하게 묶였고, 조업 차량들은 안전한 장소로 이동되었다.

하지만 무엇보다 중요한 것은 승객들에 대한 대비였다. 태풍으로 제주를 빠져나가지 못한 수천 명의 승객들이 공항에 들어와서 현장 대기할 가능성이 있기 때문이다. 제주공항 측은 즉시 제주 시내 호텔들과 협력해 체류 승객들이 머물 숙소를 안내했다. 버스회사와 택시조합에도 연락해 태풍 전날과 당일 추가 운행을 배치하여 승객들이 시내로 나갈 수 있도록 했다. 이는 단순한 교통 지원을 넘어 승객들의 불안을 최소화하는 조치이기도 했다.

태풍 힌남노가 가까워질수록 공항의 공기는 점점 무거워졌다. 실시간으로 변하는 기상 정보가 공유되었고, 활주로의 상태와 바람의 방향, 속도들도 면밀히 모니터링되었다. 관제사들과 비상대책 반원들의 눈빛에는 단호함이 깃들어 있었다. 이들이 지키고 있는 것은 단순히 비행 운항 여부가 아니라, 공항을 찾은 모든 사람들의 안전이었다.

태풍이 본격적으로 제주를 덮친 한밤중, 나는 관제탑에 올라 태풍의 위력을 몸소 느껴 보고 싶었다. 거대한 바람이 관제탑을 흔들며 사람을 압도하는 듯한 느낌을 상상했지만, 실제로는 그 정도 수준은 아니었다. 관제탑은 강풍에 미동조차 하지 않았다.

실망스러운 마음이 드는 한편, 이곳 관제탑이 얼마나 튼튼하게 지어졌는지를 실감하며 안도했다. 태풍의 중심부가 제주를 스치듯 지나가던 순간, 공항 터미널의 유리창 너머로 거센 비바람이 몰아쳤고 제주공항에 줄지어 있는 키 큰 야자수들은 쉴새없이 바람에 흔들렸다. 거센 바람 소리가 지나간 이후, 공항은 거대한 생명체처럼 정적 속에 숨을 고르는 듯했다. 하지만 태풍에 대비한 준비를 철저히 했던 덕분에 공항시설 피해는 최소화되었다.

태풍 힌남노가 한반도를 빠져나간 후, 제주공항은 곧바로 후속 작업에 들어갔다. 각 항공사들은 제주에 체류 중인 승객 수를 신속히 파악했고, 대체 항공편을 추가 편성했다. 좌석을 확보하기 어려운 승객을 위해 추가 운항이 이어졌고, 공항 관계자들은 승객들이 하루빨리 육지로 돌아갈 수 있도록 최선을 다했다. 활주로 점검과 터미널 시설 안전 확인이 이어졌고, 공항은 다시 활기를 찾기 시작했다.

공항 점검은 단순히 시설을 확인하는 일이 아니었다. 그것은 다시 공항을 살아 숨 쉬게 만드는 일이었다. 활주로를 걷는 직원들의 발걸음은 무거웠지만, 그 눈빛은 결연했다. 그들은 재난을 견디고 다시 일어서는 섬의 기상을 닮아 있었다. 태풍이 남긴 흔적을 치우고 새로운 비행기를 맞이할 때까지, 제주공항의 사람들은 조용하지만 치열하게 자기 자리에서 임무를 다했다.

공항을 계획하며, 미래를 고민하다

3장 — 겨울밤 칠흑 같은 어둠 속, 활주로를 사수 하라
(제설 작업과 활주로를 지키는 사람들)

겨울 밤은 길고, 바람은 차갑다. 겨울철 공항의 활주로는 언제 내릴지 모르는 눈 때문에 긴장감이 가득하다. 사람들은 알지 못한다. 비행기를 타고 떠나는 그들의 여정 뒤에서, 누군가는 한겨울 밤마다 거대한 제설 장비를 움직이며 활주로를 지키고 있다는 사실을. 그들이 벌이는 작업은 승객과 비행기의 안전을 위해 활주로 위에서 고전분투하는 이들이 쏟아붓는 애정이다. 이 이야기는 바로 그 애정을 쌓아가는 사람들의 이야기다.

공항에서 겨울은 다른 계절과 달리 시작부터 준비가 필요하다. 매년 11월 15일부터 이듬해 3월 15일까지, 정부는 전국 공항에 '제설 대책 기간'을 설정한다. 눈이 내리는 날이나 내리지 않는 날이나, 이 기간 동안 공항은 매일 같이 긴장한다. 활주로와 유도로, 계류장이 언제든지 안전하게 운영될 수 있도록 준비하고 있어야 하는 책임 때문이다.

공항은 바다 위의 등대처럼 기능을 멈추어서는 안 되는 곳이다. 눈이 내리는 날에도 비행기가 이착륙할 수 있도록 공항은 운영되어야 하고, 승객들이 안전하게 집과 목적지로 돌아갈 수 있도록 하여야 한다. 그래서

 공항을 계획하며, 미래를 고민하다

이러한 겨울철, 공항에서는 모든 대책 준비를 철저하게 계획한다.

　제설 계획은 단순히 눈을 치우는 일정표가 아니다. 활주로 위에 쌓일 수 있는 눈의 양, 기온과 바람의 변화, 장비의 배치와 인력의 편성까지, 여러 가지 요소를 모두 고려한 하나의 '작전 계획'이라고 할 수 있다. 공항에는 비상 대응을 위한 제설 우선순위가 정해져 있다. 활주로는 공항의 심장이다. 심장이 멈추면 공항 전체가 멈춘다. 따라서 가장 먼저 눈을 치워야 하는 곳은 언제나 활주로와 활주로로 이어지는 유도로다. 그다음으로 계류장을 제설한다. 여객기와 화물기가 머무는 공간이니, 비행기가 움직일 수 있도록 준비되어야 한다.

　이런 계획을 세울 때 공항 직원들은 많은 것들을 확인한다. 제설 장비의 상태를 점검하고, 필요한 제설 자재가 충분히 비축되어 있는지 살펴본다. 제설 장비에는 차량 전면에 거대한 블레이드를 장착하여 활주로에 쌓인 눈을 치우며, 뒤편에서 강력한 송풍기가 설치되어 남은 눈가루를 활주로 옆으로 날려 보낸다. 장비가 움직이기 시작하면, 활주로는 수많은 장비들이 살아 움직이는 거대한 무대가 된다.

제설 계획에는 인력을 어떻게 운용할 것인지에 대한 훈련도 포함된다. 상황실에서 현장을 지휘하는 사람과 현장에서 장비를 조작하는 사람, 미끄럼 마찰을 측정하여 활주로 상태를 점검하는 사람, 모두 각자의 역할을 정확히 알고 움직여야 한다. 제설 작업은 실수가 용납되지 않는 일이다. 활주로에 눈이 남아 있거나 인근 주변 지역에 둔덕이 쌓여 있다면 항공기는 이륙이나 착륙 도중 큰 위험에 처할 수도 있다. 그래서 각 공항은 제설 대책 기간이 시작되기 전에 반드시 실전 같은 훈련을 여러 번 반복적으로 실시한다.

이 훈련은 공항의 하루가 끝난 자정 이후에나 진행할 수 있다. 마지막 비행기가 이륙한 후, 활주로는 훈련장이 된다. 제설 차량과 제설제 비축 기지 안은 마치 전투를 준비하는 전장의 분주함처럼 활기를 띤다.

"장비 점검 완료!"

"무전 테스트, 이상 없습니다!"

제설 업무를 담당하는 직원들의 목소리가 제설 창고의 천장을 울렸다. 서로의 얼굴에는 긴장과 익숙함이 묘하게 공존했다. 제설 상황실의 무전기가 울렸고, 관제탑과도 교신했다.

"제설 작업조, 활주로 진입 준비 완료 여부 보고 바람."

"작업조 1팀 이상 없음. 진입 준비 완료."

　　　　　　　　　　　　공항을 계획하며, 미래를 고민하다

"작업조 2팀 이상 없음. 진입 준비 완료."

각각의 차량들이 차례로 대답했다. 이어서 관제사의 목소리가 들렸다.

"활주로 진입 허가. 안전 확보에 유의하십시오."

무겁게 울리는 엔진 소리와 함께 제설 차량이 활주로 위로 나아갔다. 앞에서는 블레이드가 눈을 쓸어내리고, 뒤에서는 제설제가 뿌려졌다. 차창 너머로 보이는 활주로는 끝없이 이어진 얼음 벌판 같았다. 차량의 전조등이 어둠을 가르고 나아갈 때, 마치 겨울밤의 무대 위에 한 줄기 빛이 들어오는 듯했다.

"1팀, 활주로 제설 작업 중."

"2팀, 활주로 제설 작업을 완료하고 유도로로 넘어가겠습니다!"

무전기 너머로 들려오는 교신은 긴장감 속에서도 정확했다. 눈이 날리며 차체를 스치는 소리, 송풍기가 터뜨리는 굉음이 묘한 긴장감을 더했다. 그 순간 나는 깨달았다. 이건 단순한 눈 치우기가 아니었다. 수많은 사람들의 안전과 직결된 책임감 있는 일이었다.

제설 작업의 마지막 단계는 활주로 마찰력 측정이다. 눈을 치웠다고 끝나는 것이 아니다. 활주로 표면이 미끄럽다면 항공기의 착륙은 위험하다. 마찰 측정 장비를 장착한 차량이 활주로를 달리며 활주로의 마찰 값을 측정한다. 모든 절차가 끝난 뒤, 공항 당국은 활주로 개방 여부를 최종적으로 결정한다.

"마찰 계수 정상 범위 유지. 활주로 상태 양호!"

훈련을 마치고 제설 창고로 돌아왔을 때, 몸은 노곤했지만, 마음은 오히려 가벼웠다. 우리가 쏟아낸 땀방울이 승객들의 안전한 여행으로 이어진다는 생각 때문이었다. 사실 공항에서 일하는 사람들의 노고는 잘 알려

지지 않는다. 승객들이 보는 것은 천정이 높다란 공항 터미널과 공항 내부의 화려함뿐이다. 그러나 그 뒤에는 이처럼 겨울철 눈과 싸우는 이들이 있다. 활주로 위에 남은 눈가루와 잔설, 얼어붙은 작은 얼음 조각까지도 제거하려는 집념으로 겨울밤을 지새우는 이들이 있다.

나는 이 일을 하면서 늘 같은 자부심을 느낀다. 우리가 이렇게 철저히 준비하는 만큼, 시민들이 공항을 더 편리하게 이용할 수 있다는 사실이다. 폭설이 내리던 날, 많은 승객들이 무사히 비행기를 타고 집으로 돌아가는 모습을 보았을 때 그 감정은 더욱 커졌다. 눈보라가 세차게 불어도 비행기는 뜨고 내린다. 공항의 현장에서 본인의 일들을 묵묵히 하는 사람들의 덕분이리라.

공항 제설 계획은 단순히 눈이 내릴 때 발동되는 공항 운영 절차 중 하

   공항을 계획하며, 미래를 고민하다

나가 아니다. 그것은 매해 겨울마다 반복되는, 그러나 한 번도 소홀히 할 수 없는 공항의 의무다. 수많은 사람들의 생명과 안전, 그리고 여행의 즐거움이 걸려 있기 때문이다. 공항의 제설 작업이 얼마나 중요한지 여행객들은 체감하지 못할지도 모른다. 하지만 활주로를 지키는 우리들에게 그것은 삶의 한 부분을 차지하는 우리의 역할이다.

밤하늘의 별빛 아래 눈 덮인 활주로를 바라보면 묘한 감정이 든다. 눈은 여전히 내리고, 우리는 계속해서 눈을 쓸어낸다. 아무도 알아주지 않아도 괜찮다. 비행기가 뜨고 내릴 수 있도록 길을 열어 주는 이 작업이 바로 우리의 소명이고, 공항의 책임이기 때문이다. 눈이 내리는 한, 비행기가 뜨는 한, 우리의 겨울밤은 계속될 것이다.

4장 — 공항을 멈추게 한 한 통의 전화
(폭발물 신고와 평온한 일상을 뒤흔든 위기)

제주공항에 폭발물이 설치되었다는 신고 전화가 접수된 것은 오후 3시 무렵이었다. 지역 경찰서를 통해 알려온 전화 통화 내용은 간단했다. "제주공항에서 출발하는 비행기에 폭발물이 설치되어 있다. 곧 터질 것이다." 경찰서 상황실에서는 공항 경찰대와 제주공항 한국공항공사에 연락했다. 그 순간부터 공항은 사실상 마비 상태에 들어갔다.

폭발물 신고가 들어오면 공항은 모든 운영 절차를 '만일의 사태'에 대비하는 체제로 전환한다.

이는 법적 의무이자 국제민간항공기구(ICAO)가 권고하는 국제 표준이다. 공항 보안 매뉴얼은 이런 상황에 대해 세밀하게 규정하고 있다. 출발 준비 중이던 항공기는 활주로에 대기하여야 하고, 이미 탑승을 마친 승객도 내리게 한다. 탑승객의 휴대품과 위탁 수하물은 전부 재검색을 거쳐야 하고, 공항 터미널과 활주로, 항공기 내부, 주차장, 화물 창고까지 전 구역을 수색한다. 여객터미널의 일반구간을 포함하여 보안 검색을 마치고 들어온 내부의 제한 구역도 예외가 아니다.

 공항을 계획하며, 미래를 고민하다

이런 절차는 결코 간단하지 않다. 탑승했던 승객들이 다시 내리고 재검색 절차를 하는 데에만 1~2시간 이상이 걸린다. 항공기 안에 실렸던 수하물들을 전부 내려서 다시 검색하는 것도 쉽지 않다. 공항 내부에 근무하는 경찰과 보안요원들은 공항 운영 상황실의 CCTV 영상을 모두 돌려보며 의심스러운 행동들을 추적하고, 공항 근무자들은 모든 시설의 출입 기록을 일일이 확인한다. 이 과정을 거치는 동안 수많은 항공편들이 연쇄적으로 지연된다.

제주공항에서 벌어진 사건도 마찬가지였다. 오후 3시 이후 출발 예정이던 모든 항공편은 보안 검색과 수색 절차가 끝날 때까지 출발하지 못했다. 이로 인해 25편 이상의 항공편이 지연되었고, 일부 항공편은 연결편을 맞추지 못해 취소되기까지 했다. 지연으로 인한 승객들의 피해는 이루 말할 수 없었다. 약속된 회의나 행사에 참석하지 못한 비즈니스 관계자들, 병원 예약을 취소한 환자들, 기다리던 가족을 만나지 못해 기약 없이 기다리는 사람들까지. 공항 운영기관 추산으로 피해 승객은 약 6천여 명에 달했고, 항공사와 공항공사, 화물업체가 입은 금전적 손실은 최소 수억 원에 이를 것으로 추정됐다.

그러나 이런 피해가 발생한다고 해서 보안 절차를 생략할 수는 없다. 폭발물 신고가 장난 전화일 가능성이 높다고 생각하더라도, 단 한 번의 방심이 수백 명의 생명을 앗아갈 수 있는 가능성 때문이다. 공항 보안요원과 경찰은 늘 "한 번의 실수가 재난으로 이어질 수 있다."는 사실을 가슴에 새기면서 일한다. 그래서 어떠한 보안 신고가 들어오더라도 그들이 할 수 있는 유일한 선택은, 모든 가능성을 열어 두고 최악의 상황을 가정하는 것이다.

통신 추적 결과, 이번 폭발물 신고는 경기도에 있는 한 정신병원에서 걸려 온 것으로 밝혀졌다. 전화를 건 사람은 결국 형사처벌을 받았다. 하지만 그가 무심코 걸었던 전화 한 통은 공항의 하루를 완전히 뒤집어 놓았고, 수많은 사람의 일상을 무너뜨렸다. 그는 벌금을 내고 처벌을 받았지만, 그가 무심코 한 행동으로 인해 생각지도 못한 피해와 혼란이 생겼다는 것을 잊지 말아야 한다. 문제는 장난 전화의 여파가 단순히 그날의 혼란에만 그치지 않는다는 점이다. 이런 신고가 반복되면 공항 보안 시스템 자체가 흔들릴 수 있다. 이러한 장난 신고가 많이 생길수록 현장에서는 무의식적으로 '이번에도 장난일 것이다'라는 생각을 하기 쉽다. 그러나 단 한 번의 방심이 참사를 불러올 수 있다. 그래서 공항은 장난 전화 하나에도 국제적 테러 상황에 준하는 절차를 밟을 수밖에 없다.

비슷한 사건은 해외에서도 빈번하게 발생한다. 2018년 일본 간사이공항에서는 폭발물 설치 협박 전화가 걸려와 10편 이상의 항공편이 지연되었었고, 피해액이 수억 엔에 달했다. 유럽과 미국 공항에서도 해마다 수십 건의 허위 폭발물 신고가 접수된다. 이런 사건들은 모두 같은 교훈을 남긴다. 안전은 공짜가 아니라는 것, 그리고 한 사람의 무책임한 행동이 수천 명의 안전을 더욱 위태롭게 할 수 있다는 점이다.

장난 전화는 단순한 사회적 일탈이 아니다. 그것은 공공의 안전을 위협하는 범죄다. 허위 신고로 경찰과 소방이 잘못된 장소로 출동하면, 그 시간 동안 정말로 위급한 상황에 처한 사람들은 도움을 받지 못할 수 있다. 그리고 공항과 같은 다중이용시설에서는 그 피해가 훨씬 더 커진다. 비행기는 지상에서 멈춰 세울 수 있지만, 한 번 이륙하면 수백 명의 생명을 책임져야 한다.

이런 이유로, 각국은 허위 폭발물 신고에 대해 엄격하게 대응한다. 우리나라 항공보안법은 폭발물 신고 같은 허위 정보 유포 행위에 대해 최대 5년 이하의 징역 또는 5천만 원 이하의 벌금을 규정하고 있다. 실제 피해 금액에 대한 손해배상 소송도 가능하다. 하지만 법적 처벌만으로 이런 행위를 완전히 막기는 어렵다. 결국 중요한 것은 사회적 경각심이다.

장난 전화가 끼치는 피해는 가늠하기 어렵다. 제주공항의 사례처럼 수많은 항공편이 지연되고 수천 명의 승객이 피해를 입는 일은 비일비재하다. 경제적 손실뿐만 아니라 공항 보안 체계가 반복적으로 시험대에 오르면 그 자체로 위험하다. 보안 인력이 소진되고 피로도가 높아질수록 실제 위협 상황에서 대응 능력이 떨어질 수 있기 때문이다. 공항에서 근무하는 보안 인력과 경찰들을 보면 하나같이 이런 말을 한다. "우리는 단 한 번의 실수도 용납되지 않는 일을 한다." 그들은 오늘도 수천 명의 승객이 안전하게 여행할 수 있도록 CCTV 화면을 주시하고, 보안 검색대를 지킨다. 그들이 느끼는 긴장은 외부에서는 잘 보이지 않는다. 하지만 그 긴장이 곧 우리의 안전을 지키는 마지막 방패다.

공항은 단순히 비행기를 타는 장소가 아니다. 그것은 세계와 연결되는 관문이며, 사회 전체의 안전망이 작동하는 현장이다. 우리는 제주공항 폭발물 신고 전화 사건에서 중요한 교훈을 얻어야 한다. 공공의 안전은 사소한 장난에도 무너질 수 있다는 것, 그리고 그 안전을 지키는 것은 모두의 책임이라는 것이다.

나는 이 사건을 떠올리며 이런 생각을 했다. "안전을 지키는 일은 우리의 자유를 제한하는 것이 아니라 우리의 삶을 지켜 내는 일이다." 공항의 하늘길을 따라 수많은 비행기가 뜨고 내린다. 그 길 위에는 단지 비 행기만 있는 것이 아니다. 그것은 사랑하는 사람을 만나러 가는 아이의 꿈일 수도 있고, 중요한 협상을 앞둔 누군가의 미래일 수도 있다.

우리는 이 평범한 일상이 결코 당연하지 않다는 사실을 잊지 말아야 한다. 그리고 그 평범함을 지켜내기 위해 장난 전화와 같은 무책임한 행동을 반드시 근절해야 한다.

     공항을 계획하며, 미래를 고민하다

5장 — 공항을 위협하는 작은 그림자와의 숨바꼭질
(하늘의 불청객, 드론)

2023년 초여름, 제주공항 시설관리팀이 공항 터미널 지붕을 점검하다가 이상한 물체 하나를 발견했다. 처음엔 버려진 공구나 던져진 쓰레기 정도로 생각했지만 가까이 다가가 보니 그것은 소형 드론이었다. 공항 터미널 지붕 위에 드론이라니. 시설관리팀 직원들은 순간 놀라움을 넘어 불안을 느꼈다. 공항이라는 공간에서 드론은 결코 간단히 넘길 수 있는 존재가 아니었기 때문이다.

공항 주변 9킬로미터 이내에서는 드론을 날릴 수 없다. 항공보안법과 항공안전법에 따라 공항의 활주로와 유도로, 터미널과 주차장까지 이어지는 광범위한 지역은 드론 비행 금지 구역으로 지정되어 있다. 그 이유는 단순하다. 드론이 항공기의 비행 안전을 위협할 수 있기 때문이다. 하늘에서 비행하는 항공기는 이착륙 과정에서 작은 충돌에도 치명적인 손상을 입을 수 있다. 수백 명의 생명을 싣고 하늘로 올라가는 항공기와 드론이 충돌했을 때 벌어질 수 있는 참사는 예측하기 어렵다.

시설관리팀은 이 사실을 공항공사 내부와 공항 경찰대에 보고했다. 경찰은 공항의 CCTV 영상을 확인하면서 비행경로를 추적해 보고, 드론의 기체 종류와 제작 번호, 그리고 내부에 내장된 카메라와 저장장치를 통해 소유자를 특정하는 작업을 수행했다. 결국 밝혀진 드론의 주인은 주소지가 부산인 아마추어 드론 사용자였다. 그는 "공항 근처가 드론 비행 금지 구역인지 몰랐다. 해안가에서 드론을 조종하다가 잃어버렸다."고 항변했지만, 그것은 변명이 될 수 없었다. 그는 과태료를 부과받았다.

이 사건은 제주공항에서 드론 비행금지규정을 다시 한번 환기하는 계기가 되었다. 사실 드론 비행 금지 구역은 지도에 표시해 놓는다고 해서 일반인들이 쉽게 알 수 있는 것이 아니다. 드론을 취미로 날리는 사람들 중 상당수는 '공항 주변이 위험하다'는 정도는 알지만, 그 범위가 정확히 9킬로미터라는 사실은 잘 모른다. 더구나 제주도는 드론을 날리고 싶은 유혹을 쉽게 뿌리치기 어려운 곳이다. 성산 일출봉과 한라산 자락의 숲, 바닷가와 해수욕장의 푸른 바다, 공항 근처의 용두암과 오름들까지, 그림 같은 풍경을 위에서 내려다보고 드론으로 찍고 싶은 마음이 들 것이다. 하지만 그 욕심으로 인해 공항에서 비행 안전을 위협하는 순간이 초래될 수 있음을 알아야 한다.

공항 경찰대와 한국공항공사, 정부는 이후에 대대적인 홍보 활동을 시작했다. 우선 드론 사용자들이 자주 모이는 제주공항 인근 오름과 해안가에 드론 비행금지 푯말을 설치했다. '이곳은 공항 주변 9km 비행 금지 구역입니다'라는 문구와 함께 드론 비행금지 마크를 큼지막하게 표시했다. 단순한 표식으로 끝내지 않았다. 해안도로 인근이나 사람들이 많이 볼 수 있는 곳에는 현수막도 내걸었다. 공항 근처의 인기 해변, 주차장이 있는 오름 입구는 물론이고, 제주공항 내부에도 현수막을 달았다. 여행객들이

공항을 계획하며, 미래를 고민하다

발길을 멈추는 곳마다 '공항 주변 드론 비행금지'라는 문구가 눈에 띄도록 했다.

단순한 안내만으로 홍보를 끝내지 않았다. 공항을 찾는 승객들을 대상으로 작은 이벤트 행사도 열었다. 터미널 1층 중앙부에 부스를 마련하고 '드론 비행 금지 구역 퀴즈 이벤트'를 진행했다. '제주공항 주변 몇 킬로미터 이내까지 드론 비행이 금지될까요?', '제주 동문시장에서 드론을 날려도 될까요?' 라는 문제에 답하면 기념품을 주는 행사였다. 생각보다 많은 승객들이 발걸음을 멈추고 퀴즈에 참여했다. 그중 일부는 "공항 주변이 드론 비행 금지 구역인 줄 몰랐다."며 놀라워했고, 어떤 여행객은 "9킬로미터라면 이호테우해변에서도 못 날리겠네!"라며 진지하게 받아들였다. 이런 작은 홍보가 쌓여야 사회적 인식이 바뀐다는 것을 현장에서 느낄 수 있었다.

사실 드론은 이제 단순한 취미 도구가 아니다. 재난 현장 구조나 시설물 점검, 농업 방제 등 다양한 분야에서 활용된다. 그러나 안전관리 규정이 뒷받침되지 않으면 드론은 공항에 잠재적 위험 요인이 될 수 있다. 공항 주변에서는 드론의 존재 자체가 항공기 운항을 방해하는 요소로 작용할 수 있다. 작은 플라스틱 물체이지만 비행기의 제트엔진에 빨려 들어가면 수백억 원짜리 항공기가 멈출 수도 있다. 국제민간항공기구(ICAO) 역시 드론 금지 구역을 엄격히 관리할 것을 각국에 권고하고 있다.

제주공항에서 발견된 드론은 다행히 아무런 피해도 일으키지 않았다. 그러나 만약 이 드론이 터미널 지붕에 떨어진 것이 아니라 활주로를 가로질러 횡단했었다면? 이착륙하던 항공기와 충돌했다면? 생각만 해도 아찔하다. 2018년 영국 개트윅 공항에서는 드론이 활주로 근처에서 목격되면서 공항이 이틀간 마비된 적이 있었다. 120여 편의 항공기가 취소되고 수만 명의 승객이 피해를 입었다. 인천공항에서도 비슷한 사례들이 있었다. 제주공항이라고 다를 리 없다. 드론 한 대가 제주공항을 멈추게 할 수도 있다.

공항의 보안과 안전은 공항 경찰대나 운영기관만의 책임이 아니다. 드론을 날리는 사람, 공항을 이용하는 사람, 제주를 찾는 모든 여행객이 함께 지켜야 할 약속이다. 공항을 연결하는 하늘길은 우리 모두의 것이지만, 그 하늘을 안전하게 유지하는 일은 결코 가벼운 일이 아닌 우리 모두의 의무다. 드론을 날릴 수 있는 자유는 공공의 안전이라는 전제가 있을 때에만 우리들에게 허용될 수 있다.

홍보 캠페인을 진행하며 만난 드론 사용자들 중에는 규정을 잘 모르는 사람들도 많았다. 그러나 설명을 듣고 나면 대부분 사람들은 이해했다. "공항 주변에서 날릴 수 없다는 건 이해합니다. 다만 어디까지가 금지 구역인지 좀 더 알기 쉽게 알려 주세요." 현재, 드론 비행 금지 구역을 지도 앱과 연동해 보여 주는 시스템이 마련되어 있다. 드론을 띄우려는 사람이 앱을 켜면 금지 구역 여부를 바로 알 수 있게 되어 있는 것이다.

　　　　　　　　　공항을 계획하며, 미래를 고민하다

제주공항 터미널 지붕 위에서 발견된 드론은 단순한 플라스틱 기체가 아니다. 우리에게 안전의 중요성을 일깨워준 경고이자, 한 사람의 작은 부주의가 얼마나 큰 위험으로 이어질 수 있는지를 보여 주는 사례이다. 공항 주변 9킬로미터 이내에서 드론을 날릴 수 없다는 규정은 결코 형식적인 조치가 아니다. 그것은 하늘길을 이용하는 수많은 사람들의 생명을 지키기 위한 최소한의 장치이다.

나는 제주공항 도착 1층 내부에 걸려 있는 드론 비행금지 현수막을 바라보면서 이렇게 생각했다. "공항 주변의 하늘은 우리가 지켜야 할 공공의 안전지대다. 드론 사용자 한 사람의 신중함이 수천 명의 생명을 지킬 수 있다. 제주에 도착하는 한분 한분이 이 현수막을 보고 안전 규정을 지켜야겠다는 마음을 갖는다면, 우리는 우리 자신의 역할을 다한 것이리라." 이 단순한 진리를 더 많은 사람들이 기억할 수 있도록, 우리는 오늘 하루도 공항 주변을 점검한다.

6장 — 0.01%의 확률과 싸우는 끝없는 전쟁
(하늘을 지키는 사람들, 새 떼와의 추격전)

공항 활주로 위를 스치는 바람은 차갑지만, 묘한 긴장감을 품고 있다. 비행기가 이륙하기 전까지, 이 거대한 시스템이 안전하게 움직일 수 있도록 하기 위해 수많은 사람들이 보이지 않는 곳에서 일한다. 이와 같은 분들의 공항에 대한 애정과 열정으로 공항이 안전하게 돌아가는 것이다. 공항 안전과 관련한 계획을 세우고 제도를 설계하고 고민하는 동안, 나에게는 늘 머릿속에 남아 있는 걱정이 있었다. 작은 새 한 마리가 항공기와 수백 명의 생명을 위협할 수 있다는 사실.

공항과 관련한 업무 중 까다로운 분야 중 하나가 조류 퇴치 업무다. 활주로 근처를 맴도는 새들을 막기 위해 풀의 길이를 25cm 이하로 관리하고, 습지를 정비하며, 조류가 싫어하는 기피음을 발생시키는 장치와 조류 퇴치 장비를 설치한다. 하지만 생각보다도 더 자연은 늘 예측하기 어려운 존재이고, 특히 조류들은 우리에게 큰 고민거리였다.

조류 퇴치 요원들은 새벽부터 밤늦게까지 활주로와 유도로 주변을 하루에도 수십 차례 돌며 새 떼의 움직임을 파악하고 대응한다. 그들은 언제 어디든 새들이 위협요인이 될지도 모른다는 긴장된 상태에서, 차량을 타고 이동하며 상황에 따라 조치한다. 폭음기를 사용하거나, 차량의 경적을 울려 새들이 놀라 달아나게 하고, 천적의 소리를 발생시켜 새들이 공항 주변에 머무르지 못하도록 유도한다.

때로는 공항 인근에 형성된 서식지나 먹이가 많은 곳들을 찾아 제거하거나, 새들이 모이지 못하도록 관리한다. 이러한 활동들은 새들을 쫓아내는 단순한 일이라기보다는, 새들의 습성과 이동 패턴을 세심하게 분석하여 만들어지는 계획적인 활동이다. 나는 현장에서 일하는 그들의 노력이야말로 우리가 공항의 안전을 위해 고민하는 정책들을 실질적으로 완성시키는 힘이라는 것을 잘 알고 있다.

공항의 에어사이드 관리팀은 공항의 안전과 관련된 여러 중요한 역할들을 맡고 있다. 이들은 활주로와 유도로의 잔해물(FOD)을 제거하고 배수 상태를 점검하며, 작은 물웅덩이도 남지 않도록 관리한다. 새들이 머물 수 있는 작은 환경적 요소들을 찾아내 제거하는 것도 그들의 임무다. 비가 온 뒤 배수가 제대로 되지 않아 물이 고이면 곧바로 장비를 들고 나가 배수를 돕고, 풀밭 관리도 꼼꼼하게 실시한다. 풀의 길이를 일정하게 유지하여 새들이 숨거나 먹이를 찾기 어려운 환경을 만드는 일은 단순해 보이지만 가장 효과적인 방법 중 하나이다.

김포공항의 큰 고민 중의 하나는 황조롱이였다. 황조롱이는 천연기념물이라는 보호 지위를 가진 까닭에 함부로 잡을 수 없다. 그러나 활주로 근처에서 먹이를 사냥하는 황조롱이는 항공 안전을 위협하는 존재였다. 황조롱이를 임의로 사냥할 수 없기에, 우리는 황조롱이를 생포해 다른 지역으로 옮겨야겠다는 계획을 세웠다. 여러 부처와도 협의하며 전문가와 논의하였다. 포획을 위해서 특수 장비와 전문가가 투입됐지만 황조롱이는 민첩했다. 그림자를 느끼기만 해도 바람을 타고 날아올라 사라졌다. 전문가들이 설치한 덫 주변에 먹이를 두어 유인했지만, 녀석은 끝내 걸리지 않았다. 여러 차례 시도 했지만, 결과는 실패였다. 많은 자원과 노력을 쏟았지만 결국 한 마리도 잡지 못했다. 그러나 그 실패는 조류 퇴치와 관련한 업무들을 어떻게 공항 관리와 운영 측면에서 개선하면 좋을지 고민하는데 중요한 자료가 되었다.

며칠 뒤, 착륙하던 항공기가 새와 충돌했다는 보고서를 받아 들었다. 현장 조사팀이 보내온 사진에는 기체 외벽에 깊게 패인 흔적이 남아 있었다. 범인은 큰 갈매기였다. 나는 보고서를 읽으며 '만약 크기가 더 큰 황조롱이였다면?'이라는 생각을 떠올렸다. 우리의 역할은 이런 사건의 발생 확률을 더 줄일 수 있는 정책을 만드는 것이리라.

조류 충돌 사고가 발생하면, 에어사이드 관리팀이 가장 먼저 현장에 나간다. 사고 당시 항공기의 피해 규모를 확인하고 새의 흔적을 수거하며, 조류의 종류까지 확인한다. 때로는 잔해물에서 DNA를 채취하여 새의 종류를 정확히 분석하기도 한다. 이 정보들은 전국 공항의 조류 충돌 피해를 확인하는 통계로 사용되고 향후 예방책 마련의 기초 자료가 된다. 나는 현장의 보고를 받을 때마다 그들의 목소리에 묻어 있는 긴장감을 느낀다. 날씨가 나쁘면 조류 활동이 줄어들 것이라는 일반적인 예측과 달리, 강풍 속에 불규칙하게 이동하는 새들의 움직임은 더욱 위험하다. 그럴수록 조류 퇴치 요원들은 더 많이 순찰을 돌고 기민하게 대응할 수 있도록 준비한다.

     공항을 계획하며, 미래를 고민하다

얼마 전 나는 '허드슨강의 기적'이라는 영화를 보았다. 이륙 직후 새 떼와의 충돌로 양쪽 엔진이 정지된 항공기가 허드슨강에 기적적으로 착수했던 사건을 다룬 영화였다. 영화 속에서 조종사 설리는 냉정하게 상황을 판단해 기적 같은 결정을 내렸고, 승무원들은 침착하게 승객을 대피시켰다. 관제사들도 마지막까지 가능한 착륙 방법을 찾기 위해 분주했다. 나는 그 장면을 보며 조류 충돌이 얼마나 치명적일 수 있는지, 그리고 우리가 예방하지 않으면 얼마나 큰 비극이 닥칠 수 있는지를 다시금 실감했다. 영화를 보고 난 후 한동안 생각에 잠겼다. 조류 퇴치 요원들이 새벽마다 활주로를 돌며 새를 쫓는 모습, 에어사이드 관리팀이 작은 풀밭 하나까지 꼼꼼히 관리하는 모습이 떠올랐다. 그들의 노력이야말로 '허드슨강의 기적' 같은 사고를 예방하는 보이지 않는 힘이라는 것을 나는 안다. 우리가 만드는 정책 하나, 대책 하나가 현장에서 이들의 활동과 만나면서 의미를 갖게 되는 것이다.

공항 주변의 새들은 우리가 만든 규칙을 알지 못한다. 우리가 철저하게 조류 충돌 방지 계획을 세웠음에도 불구하고 새들은 활주로 위를 스쳐 지나가며 언제든 위협이 된다. 그러나 나는 포기하지 않는다. 자연을 완전히 통제할 수는 없지만, 그 가능성을 줄이기 위해 끝없이 노력할 수는 있다. 오늘도 나는 회의실에서 새로운 대책을 검토한다. 풀밭 관리 방식을 개선할지, 조류 퇴치 장비를 업그레이드할지, 다른 공항의 성공 사례는 어떤 것이 있는지. 새롭게 조류 탐지 레이더 시스템을 도입하여야 하는지도 논의한다. 이 레이더는 조류의 이동을 실시간으로 감지하여 요원들이 더 효율적으로 대응할 수 있도록 도울 수 있을 것이다. 하지만 도입 비용과 실효성, 운영 인력의 부담까지 고려해야 하기에 쉽지 않은 결정이다.

멀리 활주로 위를 나는 새 한 마리가 떠오른다. 아마도 황조롱이일 것이다. 우리는 언제나 그 그림자를 좇으며 안전망을 새롭게 고민하고 설계한다. 그렇게 항공 안전은 조금씩 더 나아지고 있다.

  공항을 계획하며, 미래를 고민하다

03

보이지 않는 하늘길을 만드는 기술

(공항의 안전과 하늘길을 잇는 법)

1장 — 비행기의 안전한 이착륙을 위한 첫 번째 약속, 활주로

(활주로의 설계와 운영 원리)

공항에서 제일 중요한 시설은 무엇일까. 터미널의 화려한 건물일까? 아니면 밤하늘을 밝히는 활주로 등일까? 공항을 계획하고 운영하면서 생각하기로, 공항에서의 핵심은 활주로다. 수많은 비행기가 날아오르고 내리는 그 긴 활주로가 없었다면, 국제공모를 통해 멋있게 건설한 터미널 시설도, 반짝이는 조명도 의미가 없었을 것이다. 비행기는 활주로라는 심장에서 맥박을 얻어 하늘로 솟아오르고, 또 그 심장으로 되돌아와 땅에 안착한다. 그래서 공항을 이해하려면 활주로부터 시작해야 한다.

활주로라는 단어는 단순하다. 달릴 활(滑), 달릴 주(走), 길 로(路). 곧 '달려서 오르내리는 길'이다. 그러나 이 길을 설계하는 일은 단순하지 않다. 지형, 기후, 바람, 항공기 성능, 안전 규정까지 수십 가지 조건이 맞물려야 한다. 그것도 수십 년을 내다보고, 년간 수백, 수천만 명이 이용하는 것으로 계획되어 진다. 활주로 설계란 한 나라의 항공 정책과 기술 수준을 고스란히 드러내는 창과 같다.

인천공항의 활주로를 살펴보자. 길이 3,750미터, 폭 60미터의 활주로를 포함하여 총 네 개의 활주로가 늘어서 있다. 세계 어디로든 날아갈 수 있는 초장거리 여객기와 화물기를 맞이하려면 이 정도 규모는 되어야 한다. 김포공항은 조금 다르다. 길이 3,600미터의 활주로가 있지만, 단거리 노선 중심으로 운영되는 공항이다. 도심과 가까운 위치 덕분에 부산, 제주를 중심으로 한 국내선과 단거리 국제선을 운영한다. 활주로는 길이만의 문제는 아니다. 그 길이가 어떤 역할을 위해 쓰이느냐가 중요하다.

제주공항의 활주로는 3,200미터이다. 활주로의 길이는 여객기가 뜨고 내리기에 부족함이 없지만, 매일 수백 편의 항공기가 몰려드는 현실 속에서 공항은 포화 상태에 도달했다. 이륙하려는 비행기와 착륙하려는 비행기가 분 단위로 간격을 나누어 이용하고, 바람이 강한 날이면 활주로 운영이 극도로 긴장된다. 그래서 제2공항 건설 논의가 십수 년째 이어지고 있다. 활주로가 추가로 더 필요하다는 것은 곧 현재 공항이 제 기능을 다하지 못한다는 말과 같다.

울릉공항은 활주로 설계의 또 다른 측면을 보여 준다. 동해의 외딴섬, 가파른 산과 좁은 평지 사이에 계획한 활주로는 1,200미터로 건설 중이다. 활주로의 길이와 폭에 대한 안전성 논란이 있었지만, 이 활주로는 섬 주민에게는 생명줄이다. 육지와 연결되는 하늘길이 열리면, 응급환자 이송이나 생활물자 수송이 훨씬 수월해진다. 활주로는 단순한 포장 구조물이 아니라, 그 지역의 삶을 바꾸는 길이 된다.

세계로 눈을 돌리면 더 극적인 사례들이 있다. 활주로 길이가 세계에서 가장 긴 공항은 중국 창더우 방다 공항으로 5,500미터의 활주로를 갖고 있다. 미국 덴버국제공항의 활주로도 4,877미터에 달한다. 왜 이렇게 길어야 할까. 창더우 방다 공항은 해발 4,334미터에 위치해 있다. 덴버는 해발 1,600미터 고지대에 자리하고 있다. 고도가 높고 공기가 희박하면 항공기의 양력이 줄어든다. 뜨기 위해서는 더 긴 거리를 달려야 하고, 활주로에 내릴 때에도 제동 거리가 늘어난다. 그래서 이러한 공항들은 활주로를 길게 설계하지 않을 수밖에 없었다.

또 인도의 레 공항이나 네팔의 루클라 공항 같은 곳은 산악 풍이 많이 불거나 지형의 제약 때문에 활주로가 짧고 경사가 심하다. 레 공항은 해발 3,256미터 고지대 계곡에 위치한 공항으로, 활주로 길이는 2,755미터이나 급변하는 강풍과 산악기상으로 지형 충돌 리스크가 높은 공항으로 꼽힌다. 루클라는 활주로 길이가 527미터에 불과하다. '세계에서 가장 위험한 활주로'라는 별명이 붙었다. 그러나 히말라야산맥을 오가는 사람들에게는 없어서는 안 될 길이다. 활주로는 결국 각 지역의 기후와 지형, 그리고 사람들이 만들어 낸 삶의 조건을 고스란히 반영한다.

나는 공항의 활주로 길이를 살펴보며 그 숫자가 갖는 의미를 생각한다. 길이는 단순한 숫자가 아니다. 그 숫자에는 지역의 자연조건과 국가의 기술력, 그리고 미래에 대한 예측이 함께 들어 있다. 3천 미터의 길이는 대형 항공기를 운용할 수 있는 최소 기준이 될 수 있고, 4천 미터가 넘어가면 초장거리 노선까지도 감당할 수 있는 경쟁력을 갖게 된다. 반대로 1천 미터의 활주로는 경비행기와 소형 여객기만이 이착륙할 수 있는 조건이다. 활주로 길이의 차이는 곧 그 공항을 통해 나아갈 수 있는 세계의 크기를 결정한다.

그렇다면 활주로의 폭은 어떨까. 보통 45미터, 대형기는 60미터가 표준이다. 활주로 폭이 넓다는 것은 단순히 비행기가 이착륙하기 편하다는 의미가 아니다. 측풍이 강하게 불어도 안전하게 착륙할 수 있는 여유 공간

　　　　　　　　　　　　　　　　공항을 계획하며, 미래를 고민하다

이 된다는 뜻이다. 활주로 폭도 설계 대상 항공기에 따라 항공 안전을 고려하여 결정한다.

활주로 설계는 기술자 몇 명의 간단한 계산으로 끝나는 단순한 문제가 아니다. 바람이 부는 방향과 계절, 비행기의 무게와 속도, 승객의 안전과 경제성까지 모두 어우러져야 한다. 인천과 김포, 제주와 울릉, 덴버와 루클라의 활주로는 각각 다르지만, 모두 자기 땅과 하늘의 조건을 담고 있다. 활주로는 결국 기술과 현실, 그리고 인간의 선택이 교차하는 자리다. 그렇기에 활주로 하나를 설계하고 완성하는 일은 한 편의 소설을 쓰는 것만큼이나 많은 이야기와 고민을 담고 있다.

활주로를 설계한다는 것은 단순한 일 같아 보이지만, 활주로의 길이와 폭, 방향과 표면은 모두 국제적으로 정해진 규범과 기준을 따른다. 비행기는 한 나라에서 다른 나라로 이어지는 세계적인 교통수단이기에, 어느 나라 공항이든 국제적으로 인정하는 최소한의 공통 규칙을 따르도록 함으로써 항공 안전을 보장할 수 있도록 하는 구조이다. 그 규범의 중심에는 앞에서도 여러번 언급했던 국제민간항공기구, ICAO가 있다. 1944년 시카고협약에 따라 만들어진 이 기구는 전 세계 항공의 표준을 세우는 곳으로써, 활주로 설계 기준 역시 ICAO가 마련한 기준이 있고 각국은 이를 자국 법과 지침으로 옮겨오는 형식을 취한다. 활주로는 단순히 콘크리트나 아스팔트 구조물이 아니라, 국제적 약속의 결과물인 셈이다.

ICAO는 활주로를 항공기 등급별로 나누어 규정한다. 코드 넘버와 코드 레터라는 이중 체계다. 코드 넘버는 활주로 길이에 따라 제1부터 4까지 나뉜다. 예를 들어 800미터 미만은 코드 (1), 1,200미터 이하는 코드 (2),

1,800미터 이하는 코드 (3), 그리고 1,800미터 이상 대형 항공기가 쓰는 활주로는 코드 (4)이다. 코드 레터는 항공기의 날개 길이와 메인 랜딩기어 폭에 따라 A부터 F까지 나눈다. 소형 경비행기는 A, 대형 항공기인 A380 같은 기종은 F다. 따라서 인천공항의 활주로는 '코드 4F', 김포공항은 '4E', 울릉공항은 '2B' 정도로 분류된다. 이렇게 숫자와 문자가 조합된 분류는 설계 단계에서부터 어떤 항공기가 이용할 수 있는지를 가늠하게 한다.

예를 들어 보자. 인천국제공항은 활주로 길이는 3,750미터, 폭은 60미터로, 코드 4F 기준에 맞춰 설계되었다. 반면, 울릉공항은 ATR-72와 같은 소형 터보프롭 항공기가 이착륙할 수 있는 1,200미터 활주로로 코드 2B에 해당한다. 인천공항은 지구 반대편까지 날아가는 여객기를, 울릉공항은 섬 주민의 생활 항공편을 목표로 하기 때문이며, 모두 ICAO의 틀 안에서 설계된다.

우리나라 역시 「공항시설법 시행규칙」과 국토교통부 고시로 ICAO 기준을 반영해 두고 있다. 활주로 길이와 폭, 안전구역의 크기, 표면의 강도까지 모두 법령과 지침에 따라야 한다. 가령, 대형 제트기를 운용하는 공항은 최소한 45미터 폭의 활주로를 가져야 하고, 여기에 7.5미터 폭의 어깨부분(Shoulder)을 추가로 마련하도록 규정한다. 이는 활주로 중심선을 벗어난 항공기가 안전하게 복귀할 수 있도록 하기 위함이다. 또 활주로 끝에는 안전구역(RESA, Runway End Safety Area)을 두어야 한다. 최소 90미터 이상이어야 하고, 가능하다면 240미터까지. 착륙 중 제동 거리가 길어지거나 이륙에 실패했을 때, 항공기가 큰 피해 없이 멈출 수 있는 완충지대다.

 공항을 계획하며, 미래를 고민하다

활주로 방향을 정하는 기준도 있다. 활주로는 바람과 밀접한 시설이기에, 주로 바람이 불어오는 지배풍(風)의 방향에 맞추어 설계해야 한다. 비행기는 바람을 맞으며 이륙해야 양력이 최대화된다. 그러므로 활주로의 배치는 그 지역 바람의 장기 통계에 따라 결정된다. 인천공항이 16 L/R 방향 활주로를, 김포공항이 14 L/R 방향 활주로를 가진 이유가 여기에 있다. 활주로 방향을 표시하는 숫자, 16, 14는 북쪽을 기준으로 160도, 140도 각도 방향으로 비행기가 진입하는 활주로라는 뜻이고, L/R 은 왼쪽 Left, 오른쪽 Right을 표시한다. 제주공항은 07방향 즉 북쪽을 기준으로 70도 방향, 그러므로 거의 동서방향 쪽으로 활주로가 건설되어 있다. 제주는 한라산으로 인해 활주로 방향에 제약이 있고 바닷가에서 바람이 워낙 다양하게 급변풍으로 불기 때문에, 강풍이 불 때마다 운항 제한이 발생하는 것이 현실이다. 그래서 제2공항은 남북 방향으로 계획되고 있고, 이는 바람과 안전 이슈를 포함하는 것이라 볼 수 있다.

시설기준은 활주로 표면에도 적용된다. 활주로는 단순히 아스팔트로 포장된 도로가 아니다. 활주로는 항공기의 무게를 견디고, 제동력을 보장해야 한다. 이를 위해 국제적으로는 PCN(Pavement Classification Number)이라는 지표를 쓴다. 활주로 포장의 지지강도를 수치로 표현한 것으로, 항공기의 ACN(Aircraft Classification Number), 즉 각각의 항공기별로 항공기가 포장에 미치는 상대적 영향의 크기를 표시하는 숫자와 비교하는 방식이다. 항공기의 ACN이 활주로의 PCN을 초과하면, 그 활주로에서는 해당 항공기를 운항할 수 없다. 예컨대, 대형 화물기가 자주 드나드는 인천공항은 PCN 수치가 매우 높다. 반대로 울릉공항 같은 소규모 공항은 소형기의 ACN만을 수용할 정도로 설계된다. 각 공항은 항공정보

간행물(AIP)에 PCN을 공고하고, 해당 PCN 이하의 ACN을 가진 항공기만 그 공항을 이용할 수 있는 것이다.

활주로와 관련된 해외의 사례를 살펴보자. 일본 나리타공항의 활주로는 4,000미터와 2,500미터 두 개가 있다. 원래 계획은 모두 4,000미터였으나, 주민 반대와 토지 보상 문제로 하나는 축소된 것이다. 이 경우도 ICAO 기준에 맞추어 대형 항공기를 수용할 수 있도록 설계되었으나, 현실적 제약이 반영된 셈이다. 프랑스 샤를드골공항은 활주로 네 개를 '평행'으로 배치했다. 이 역시 ICAO가 권장하는 대규모 허브공항 설계 방식이다. 미국 LAX(로스앤젤레스 국제공항)는 활주로 네 개를 바닷가를 바라보도록 배치하여, 태평양에서 불어오는 바람을 맞받도록 했다. 활주로 배치는 국제 규정과 함께, 각 지역의 자연조건과 사회적 합의가 결합되어 나온 결과이다.

나는 활주로 설계 기준을 찾아보며 이런 생각을 한다. 규범은 안전을 위한 최소한의 약속이다. 그러나 그 약속이 현실에 적용되는 과정은 언제나 불완전하다. 규정은 3,600미터 활주로를 권장하지만, 현실은 3,000미터로 타협될 수 있다. 표준은 60미터 폭을 제시하지만, 실제는 45미터에 머물 수 있다. 중요한 것은 그 차이를 메우는 운영의 지혜와 사회적 신뢰다. 활주로는 길이와 폭의 숫자만으로 존재하지 않는다. 거기에는 바람을 분석한 기상청의 통계가, 항공사의 운항 전략이, 주민의 동의와 반대가, 그리고 수많은 기술자의 계산이 함께 녹아 있다.

활주로는 기술과 인간의 경계에 선다. 수많은 기준이 활주로의 형태를 규정하지만, 그 기준은 인간이 정한 것이다. 안전을 위해, 효율을 위해,

 공항을 계획하며, 미래를 고민하다

혹은 정치적 타협을 위해. 활주로의 숫자와 규격은 객관적 사실처럼 보이지만, 사실은 수많은 인간적 선택의 결과다. 그래서 나는 활주로를 볼 때마다 단순한 아스팔트 포장이 아니라, 시대와 사회가 남긴 합의 문서 같은 인상을 받는다. 결국 활주로 설계는 수학과 공학의 계산을 넘어, 인간 사회의 합의와 선택이 더해져 완성된다. 인천과 김포, 제주와 울릉, 나리타와 LAX의 활주로는 모두 다르다. 그러나 모두 ICAO라는 공통 규범 아래에 있고, 각자의 땅과 사람들의 현실을 담고 있다. 활주로는 단순히 이착륙의 공간이 아니다. 그것은 한 나라가 세계와 만나는 첫 관문이자, 그 사회가 안전과 미래를 어떻게 선택하고 있는지를 보여 주는 거울이다.

2장 — 빛과 전파가 만드는 이정표
(항공등화와 계기착륙장치가 만드는 정밀한 길)

밤의 공항은 낮보다 아름답다. 도시의 불빛과는 다른, 질서정연하고 규칙적인 빛의 배열이 활주로와 유도로를 따라 반짝인다. 그 빛은 단순한 장식이 아니라, 조종사와 관제사, 정비사와 승객의 생명을 지켜 주는 언어다. 어둠 속에서 비행기가 안전하게 땅으로 내릴 수 있는 이유는, 활주로 끝에서 반짝이는 붉은빛과 녹색의 경계선 불빛, 그리고 활주로 중심선을 따라 이어지는 하얀 불빛 덕분이다.

비행기 조종사는 활주로를 눈으로 확인하며 내린다. 낮에는 활주로의 직선과 활주로 표지가 그 역할을 하지만, 해가 지고 시정이 나빠지면 이야기가 달라진다. 조종사의 눈에 들어오는 건 어둠을 가르며 반짝이는 등화뿐이다. 그래서 항공등화는 비행기 조종사에게 유일한 가이드에 해당된다.

등화는 종류도 다양하다. 활주로 양쪽 경계에는 백색의 활주로 경계등이 '이 길을 따라오라'고 안내한다. 활주로 끝에는 붉은빛 종단등이 놓인다. 더 이상 가면 안된다는 경고다. 반대로 활주로 시작 부분은 녹색등으

공항을 계획하며, 미래를 고민하다

로 표시해, 착륙할 수 있는 시작 지점을 알려 준다. 활주로 중심선에는 일정 간격으로 하얀등이 줄지어 박혀 있다. 조종사는 그 불빛을 따라가며 활주로 한가운데로 기체의 방향을 잡는다.

　활주로 착륙 직전에는 접근등(ALS, Approach Lighting System)이 있다. 수백 미터 전방에서 활주로 방향으로 길게 이어진 등화는 안개와 비속에서 조종사가 활주로를 조기에 인지할 수 있게 돕는다. 강풍이나 저시정 때, 접근등은 착륙 여부를 결정짓는 중요한 기준이 된다.

　또 중요한 장치는 PAPI(Precision Approach Path Indicator)다. 활주로 옆에 네 개의 등화 장치가 나란히 설치되어, 조종사에게 올바른 착륙각을 알려 준다. 네 개 중 두 개가 흰색, 두 개가 빨간색으로 보이면 이상적인 3

도 각도로 비행기가 접근하고 있다는 표시이다. 모두 흰색이면 너무 높고, 모두 빨간색이면 너무 낮다. 이 단순한 빛의 조합 하나로 수많은 착륙이 안전하게 이루어진다.

활주로만이 아니라 유도로에도 등화가 있다. 녹색 중심선 등화와 푸른색 경계등이 있어, 착륙 후 활주로를 벗어나서 이동하는 항공기가 어두운 밤에도 길을 잃지 않는다. 관제사의 지시에 따라 유도로를 이동하는 조종사는, 말보다 등화를 더 의지한다. 공항의 지상은 마치 빛으로 그려진 미로처럼, 정확히 계획된 패턴을 보여 준다.

색에도 규칙이 있다. 흰색은 전진을, 녹색은 출발과 진입을, 붉은색은 정지를, 노란색은 경고를 의미한다. 세계 어느 공항을 가도 이 규칙은 같다. ICAO가 정한 이러한 색의 언어 덕분에, 미국에서 날아온 조종사가 서울에 내릴 때도, 유럽에서 출발한 항공기가 아프리카에 착륙할 때도, 공통의 언어는 변하지 않는다.

최근에는 LED 기술이 도입되면서 공항의 빛은 더 밝고, 더 오래, 더 에너지 효율적으로 바뀌었다. 인천공항은 전 세계적으로도 비교적 빠른 시기에 LED 등화를 도입했다. 제주공항에서도 강풍과 비바람 속에서도 견디는 고내구성 등화 체계를 강화했다. 울릉공항이나 흑산공항 같은 소형 공항의 경우에는 운영 등급 규정에 맞는 수준의 활주로 경계등과 종단등, 접근각 표시 장치 등을 계획하였다.

나는 공항 야간 등화 점검을 하던 어느 날을 기억한다. 새벽 열두 시, 활주로 위의 등화를 하나씩 확인하며 걷던 순간, 갑자기 모든 불빛이 꺼졌다. 전원 상태 점검을 위해 통제소에서 전원을 내린 것이었지만, 그 몇 초의 어둠은 가슴을 서늘하게 했다. 불빛이 사라진 활주로는 그저 어둠 속

　　　　　　　　　　　공항을 계획하며, 미래를 고민하다

의 아스팔트 포장 구조물에 불과했다. 그러나 전원이 다시 들어오자, 줄지어 반짝이는 불빛이 활주로를 되살렸다. 그 순간 나는 깨달았다. 항공등화는 단순한 장치가 아니라, 공항이라는 존재의 생명 신호와 같은 것이라는 것을.

이처럼 항공등화는 하늘길을 밝히는 빛의 언어다. 조종사와 관제사, 지상 요원이 모두 그 언어를 공유한다. 활주로와 유도로, 접근로와 경계선에서 반짝이는 불빛은, 서로 다른 언어를 쓰는 이들이 하늘에서 땅으로, 땅에서 하늘로 이어지게 하는 보편 언어이다.

다음으로 알아야 하는 공항에 설치되어 있는 항행안전시설은 계기착륙장치, ILS(Instrument Landing System)다. 조종사의 눈에 활주로가 보이지 않는 상황에서도 항공기 착륙이 이루어질 수 있도록 해 주는 장치이다. 비행기는 언제나 맑은 날에만 착륙하는 것이 아니다. 안개가 자욱하게 깔린 아침, 폭우가 쏟아지는 밤, 시정이 400미터도 채 되지 않는 상황에서도 비행기는 착륙해야 한다. 그때 조종사의 눈으로는 멀리서 활주로를 보지 못한다. 그러나 계기 속에서는 활주로가 보인다. 바로 계기착륙장치, ILS를 통해서다.

ILS는 세 가지 종류로 구성된다. 첫째, 로컬라이저(Localizer)는 좌우 방향을 알려 준다. 활주로 정중앙을 기준으로, 항공기가 왼쪽으로 치우쳤는지, 오른쪽으로 치우쳤는지를 신호로 확인한다. 둘째, 글라이드 슬로프(Glide Slope)는 수직 각도를 안내한다. 정상적인 착륙 경사각인 3도 경로를 따라 내려오도록, 항공기 계기에 지시를 준다. 셋째, 마커 비콘(Marker Beacon)이나 DME(Distance Measure Equipment) 장비는 항공기와 활주로 간의 거리를 알려 준다. 이 세 가지를 통해서, 조종사 눈앞의 계기에는 활주로 중심선과 착륙각이 보이지 않는 선으로 그려진다.

이 시스템은 20세기 중반부터 발전해 왔다. 초기에는 단순히 전파 신호를 이용해 좌우 방향만 확인했지만, 기술이 정교해지며 수직 경로까지 안내할 수 있게 되었다. 이제는 시정이 거의 200미터가 안되더라도 착륙이 가능하다.

ILS에는 등급이 있다. 가장 보편적인 것은 CAT I이다. 시정 550미터 이상, 결정고도 60미터에서 활주로를 확인하지 못하면 착륙을 포기해야 한다. 시정(visibility)이라 함은 조종사가 활주로나 등화 등 지상 물체를 식별할 수 있는 거리를 의미하고 결정고도(Decision Height)는 계기비행 중에 조종사가 착륙을 계속할지 말지를 결정해야 하는 고도를 말한다. 조종사가 결정고도에 도달했을 때 활주로 또는 접근등을 시각적으로 확인하지 못하면, 즉시 복행하는 절차를 수행하게 된다. CAT II는 시정 350미터, 결정고도 30미터까지 내려갈 수 있다. CAT III는 더 극적이다. 시정 200미터 이하, 경우에 따라서는 활주로가 거의 보이지 않아도 자동 착륙이 가능하다.

인천공항은 CAT III 기준을 적용해, 안개가 자주 끼는 서해안 기상에도 안정적인 운영이 가능하다. 반면 김포나 김해공항은 CAT I 또는 II 수준이다. 그래서 겨울철 짙은 안개가 끼면 항공편 결항이 생기기도 한다.

ILS는 여전히 세계 대부분의 공항에서 표준 장비다. 그러나 기술은 멈추지 않는다. 위성항법 기반의 GBAS(Ground Based Augmentation System)나 RNAV(Area Navigation) 접근 방식이 점차 도입되고 있다. 위성 신호를 보정해 정밀한 착륙 유도를 가능하게 하는 것이다. 그럼에도 불구하고 ILS

  공항을 계획하며, 미래를 고민하다

가 완전히 사라지지 않는 이유는 그 안정성과 신뢰성 때문이다. 전파 기반의 시스템은 수십 년간 검증되어 왔고, 위성 신호에 대한 의존도를 줄일 수 있다는 장점이 있다.

ILS는 눈에 보이지 않는 하늘길을 만든다. 조종사가 실제로 활주로를 보기 전까지, 계기 속 하늘길을 따라 내려온다. 그 보이지 않는 하늘길 덕분에 우리는 안개 낀 아침에도, 폭설 내리는 밤에도 비행기로 여행할 수 있다. 기술은 인간의 불안을 대신 짊어지고, 신뢰는 그 기술을 가능하게 한다. 계기착륙장치는 기술과 인간의 신뢰가 만나는 지점이다. 조종사는 계기의 신호를 절대적으로 믿어야 한다. 그 믿음이 흔들린다면 착륙은 불가능하다. 동시에 관제사와 공항 운영자는 장비가 제 기능을 다하고 있는지, 전파 간섭은 없는지, 정기 점검은 완료됐는지를 꼼꼼히 확인해야 한다. 한 사람의 실수나 한 장비의 결함이 수백 명의 생명을 위협할 수 있기 때문이다.

빛으로 활주로를 표시해 주는 등화와, 전파로 보이지 않는 하늘길을 만드는 ILS. 이 두 장치는 서로 다르지만, 결국 같은 목적을 향한다. 하늘과 땅을 안전하게 잇는 것. 공항의 심장은 활주로지만, 그 활주로가 진짜 심장으로 뛰기 위해서는 빛과 전파, 그리고 사람의 신뢰가 함께해야 한다.

3장 — 별을 보던 시대에서 위성을 이용하는 시대로
(항행시설의 역사와 위성항법의 진화)

비행기는 도로 위를 달리는 자동차와는 다르다. 자동차는 차선과 표지판, 신호등이 안내하는 길을 따라 달린다. 배는 등대와 해도(海圖), 별자리를 보며 항로를 찾았다. 그러나 하늘에는 아무런 표지판이 없다. 끝없이 펼쳐진 허공 속에서 조종사가 의지할 수 있는 것은, 육안으로 보이지는 않지만 비행기에게 전달되어 오는 길 안내 신호이다. 그 신호가 바로 항행시설이다. 전파라는 눈에 보이지 않는 선으로 하늘 위에 지도를 그려내고, 그 지도를 따라 수많은 비행기가 날아다닌다.

1903년 라이트 형제가 비행기를 처음 띄운 이후, 항공은 불과 몇십 년 만에 대륙을 건너고 바다를 건너는 교통수단으로 발전했다. 그러나 기술의 진보에도 불구하고 조종사들의 가장 큰 불안은 늘 같았다. "우리가 지금 어디쯤 날고 있는가?" 낮에는 지형지물을 확인할 수 있었지만, 밤이 되거나 구름 속으로 들어가면 위치 확인은 거의 불가능했다. 비행기가 대형화되고, 항속거리가 늘어나자 단순한 육안 비행으로는 더 이상 안전을 보장할 수 없었다.

바로 이 시점에 무선 전파를 이용한 항행시설이 등장한다. 1920~30년대 미국과 유럽에서 개발된 무지향성 표지(NDB, Non-Directional Beacon)는 항공 교통의 새로운 길잡이가 되었다. 송신소에서 사방으로 전파를 쏘면, 항공기 안테나는 그 전파의 방향을 탐지한다. 조종사는 계기판의 ADF(Automatic Direction Finder)를 보고 송신소를 향해 비행하거나, 반대로 송신소를 지나 특정 각도로 항로를 잡는다. 우리나라에도 20세기 중반부터 NDB가 도입되었다. 김포, 부산, 제주 같은 주요 공항에 설치된 NDB는 당시 국내선 운항에서 최소한의 안전장치로 활용되었다. 그러나 NDB는 정확도가 떨어지고, 전파 간섭에 취약했다. 번개가 치거나 지형이 가로막으면 신호가 흐트러졌다.

이 한계를 극복하기 위해 나온 것이 VOR(VHF Omnidirectional Range)이다. VOR은 1950년대 이후 본격적으로 확산된 항행시설이다. VHF 대역의 전파를 360도 방위각으로 송출해, 항공기가 어느 방향에서 신호를 받고 있는지를 정확히 알 수 있게 했다. 조종사는 기내 수신기의 CDI(Course Deviation Indicator)를 보며 활주로 중심선처럼 항로를 맞출 수 있었다. VOR의 도입은 하늘의 풍경을 바꾸었다. 각국 정부는 주요 도시와 공항 주변에 VOR을 세우고, 그 신호를 잇는 항로망을 설계했다. 지금 우리가 항공 차트에서 보는 직선 항로 대부분은 VOR에서 VOR로 이어진 길이다. 인천에서 제주로 가는 비행기는 인천 출발 직후 인근 VOR을 잡고, 남쪽의 또 다른 VOR을 향해 날아간다. 이 신호의 연속이 바로 '하늘의 고속도로'였다. 그러나, 방향만 알아서는 충분하지 않았다. 거리가 필요했다. 그래서 VOR과 함께 DME가 등장한다. 항공기가 DME 신호를 송출하면, 지상 장비가 이를 받아 다시 응답을 보낸다. 왕복 시간을 측정해 항공기와 지상

국 사이의 거리를 계산한다. 조종사는 이 거리를 바탕으로 위치를 더욱 정밀하게 확인할 수 있다.

이렇게 해서 VOR/DME는 20세기 후반 항공의 표준 항행시설이 되었다. 전 세계 수천 개의 공항과 항로에 설치된 VOR/DME는 하늘길을 눈에 보이는 것처럼 만들어 주었다. 우리나라에서도 김포, 김해, 제주, 청주, 무안 등 주요 공항에 VOR/DME가 설치되어, 국내선과 국제선 운항의 기본 틀을 제공하고 있다. 조종사들은 이 전파 신호를 따라 비행한다. 항공 차트에는 수많은 VOR과 DME가 원과 삼각형으로 표시되어 있고, 항로는 그 점들을 직선으로 연결한다. 항로 이름도 VOR에서 따온 경우가 많다. 예를 들어 제주 인근의 VOR은 "JEJU VOR"로, 많은 국내선 항로의 기점이다.

하지만 전파 항행에도 한계는 있다. 첫째, 전파는 직진성이 강해 지형에 따라 간섭을 받는다. 산악 지형에서는 신호가 차단되거나 굴절될 수 있다. 둘째, 항로가 직선 위주로 구성되기 때문에 최적 경로가 아니라 우회 경로를 따라야 하는 경우가 많다. 셋째, 지상 시설에 의존하기 때문에, 시설이 고장 나거나 파괴되면 항로 자체가 무력화된다. 실제로 김해공항의 VOR이 일시적으로 장애를 일으킨 적이 있었는데, 그 순간 수십 대의 항공기가 항로를 조정하거나 대기해야 했다. 그럼에도 불구하고 전파 항행시설은 항공 안전을 비약적으로 끌어올렸다. 수많은 비행기가 동일한 경로를 따라 비슷한 고도로 날 수 있게 되었고, 관제사와 조종사는 서로 같은 지도를 공유할 수 있었다. "우리는 지금 어디 있는가?"라는 질문에 전파는 명확한 답을 줬다.

전파는 하늘 위에 길을 새겼다. 그것은 눈에 보이지 않는 지도였고, 수

　　　　　　　　　　　　　공항을 계획하며, 미래를 고민하다

많은 비행기가 공유하는 공통 언어였다. 그러나 세상은 늘 변한다. 더 정밀하고, 더 유연하며, 더 경제적인 길이 필요해졌다. 연료를 아끼고 탄소 배출을 줄이며, 곡선 항로까지 자유롭게 설계할 수 있는 새로운 방식. 전파가 그려온 하늘 지도는 위대했지만, 불완전했다. 사람들은 새로운 지도를 고민하기 시작했다. 그 지도는 더 이상 땅 위의 송신소에서 시작되지 않는다. 지구 궤도를 도는 수십 개의 위성들이 새로운 나침반이 되어, 하늘의 질서를 다시 쓰고 있다. 조종사의 계기판에 표시되는 위치와 항로는 지구 궤도를 도는 수십 개의 위성이 보내주는 신호에 의존한다. 위성은 새로운 등대다. 더 이상 항로는 송신소에서 송신소로 이어진 직선이 아니라, 지구 전체를 뒤덮은 전자 지도의 자유로운 곡선이다. 전파가 하늘 위에 첫 번째 지도를 그려주었다면, 위성은 그 지도를 다시 그리고 있다.

스마트폰의 네비게이션을 켜면 전자 지도 위에 점 하나가 표시된다. 내가 지금 어디 있는지, 다음 신호에서 어디로 가야 하는지가 표시된다. 이제 비행기도 크게 다르지 않다. 항공기의 위치는 GNSS(Global Navigation Satellite System)가 제공한다. GNSS라는 이름 속에는 여러 체계가 공존한다. 미국의 GPS, 러시아의 글로나스(GLONASS), 유럽의 갈릴레오(Galileo), 중국의 베이더우(BeiDou). 이들은 각기 다른 국가가 쏘아올린 위성들이지만, 하늘 위에서는 함께 조종사의 항법 장치에 신호를 보내고 있다.

우리 일상에서 GPS라는 말은 익숙하다. 그러나 항공에서 GNSS는 단순한 위치 확인을 넘어선다. 과거의 NDB와 VOR, DME가 제공하던 것은 제한된 지점 간의 항로였다. 하지만 GNSS는 하늘 어디에서든, 어느 방향으로든, 곧바로 경로를 설정할 수 있다. RNAV(Area Navigation)과

RNP(Required Navigation Performance) 절차가 가능해진 것도 그 덕분이다. RNAV은 VOR, DME 등 지상시설과 관계없이, 좌표(Waypoint)만 있으면 그 사이를 날아갈 수 있는 항법이고, RNP는 RNAV의 기반하에 실시간 자기 감시 기능을 가지고 있어 항공기가 이탈하면 경고를 주는 기능까지 포함하는 것이다. 조종사는 이제 더 이상 지상 시설에 얽매이지 않는다. 원하는 항로를 자유롭게 설계해 최적의 경로를 따라서 날아 갈 수 있는 것이다. 이와 같은 위성항법을 이용한 성능기반 항행, PBN(Performance Based Navigation)은 항공이 생존하기 위한 기술적 응답이기도 하다. 위성항법은 단순히 '위치를 아는 것'을 넘어 '성능기반 항행(PBN)'이라는 새로운 패러다임을 가능하게 하였다. 과거에는 항행시설이 있는 곳에서만 항로를 설계할 수 있었다. 그러나 이제는 항공기의 성능, 위성 신호의 정확도, 기내 장비의 정밀도가 기준이 되고, 기술적 성능에 따라 항로를 자유롭게 설계하고 운용할 수 있게 되었다. 이것이 PBN의 철학이다.

이러한 변화는 단순한 편의 이상의 의미를 갖는다. 첫째, 연료 절감이다. 항로를 직선화하면 불필요한 우회를 줄일 수 있고, 그만큼 연료 소모와 비용이 줄어든다. 둘째, 환경적 이익이다. 이산화탄소 배출이 줄어든다. 항공산업이 지구 온난화의 주범 중 하나로 지목되는 현 시대에 성능기반 항행은 중요한 의미를 갖는다. 셋째, 안전성이다. 위성 신호는 전 지구적으로 제공되기 때문에, 특정 지상 시설이 고장 나도 다른 대안 경로를 찾을 수 있다.

우리나라에서도 이미 이런 변화가 현실이 되었다. 인천공항은 RNAV 접근 절차를 도입해 조종사가 더 정밀한 경로로 활주로에 접근할 수 있도

    공항을 계획하며, 미래를 고민하다

록 했다. 김포공항 역시 위성항법 기반 접근 방식을 운용 중이다. 제주공항에서도 기상 여건 때문에 RNP 접근 절차가 중요한 역할을 한다. 강풍과 안개 속에서도 위성 신호가 안내하는 접근 경로를 따라 안전하게 착륙할 수 있다.

그러나 새로운 기술에도 그림자는 있다. 위성 신호는 매우 약하다. 지구 궤도 수만 킬로미터 상공에서 내려오는 신호는 지상에서 쉽게 재밍(간섭)되거나 스푸핑(위조)될 수 있다. 군사적 갈등 상황에서 위성 신호가 차단될 경우, 하늘길 전체가 흔들릴 수도 있다. 그래서 여전히 각국은 VOR과 같은 지상 항행시설도 함께 백업 체계로 동시에 유지한다. 기술이 진화할수록, 그것을 지키기 위한 또 다른 기술과 제도가 필요해진다.

나는 위성항법이 가져온 변화를 생각하며 종종 이런 장면을 떠올린다. 과거 조종사들은 두 VOR 사이를 직선으로 연결하고 "우리는 지금 어디쯤에 있는가?"라고 위치를 물었었다면, 이제 조종사는 RNAV 차트 위에서 곡선을 따라가며 "우리는 어디로 가야 하는가?"를 묻는 것이다. 질문이 달라졌다. 위치 확인에서 경로 선택으로, 기술은 인간의 시선을 바꾸었다. 그러나 기술이 아무리 발전해도 마지막 결정은 여전히 사람의 몫이다. 위성 신호가 알려 주는 경로를 따라 비행기를 조종하는 것은 결국 인간이다. 관제사의 지시와 조종사의 판단이 없다면, 아무리 정밀한 위성항법도 무의미하다. 기술과 인간이 함께 만들어내는 안전, 그것이 항공의 본질이다.

전파가 만든 하늘길은 인류에게 비행의 시대를 열어 주었다. 이후 위성이 등장하여 다시 쓰게 된 하늘길은 비행의 질서를 바꾸는 것이었다. 그것은 단순히 새로운 항행 방식이 도입되는 수준이 아니라, 항공의 철학적 변화를 의미한다. 하늘은 이제 더 이상 비어 있는 공간이 아니다. 위성이 그려낸 보이지 않는 길들이 얽히고설켜, 눈에는 보이지 않지만 질서정연한 교통망을 이루고 있다.

　나는 이 변화를 지켜보며 다시 묻는다. 길을 찾는 기술이 아무리 정밀해져도, 그 길을 따라가는 것은 누구인가. 하늘의 질서는 위성이 그려주지만, 마지막 결정을 내리는 것은 조종사의 손이다. 사람과 기술의 협력이 중요함을 다시금 느끼게 되는 대목이다.

　　　　　　　　　　　공항을 계획하며, 미래를 고민하다

4장 — 기계의 정밀함과 인간의 판단, 그 사이
(항공기의 성능적 한계와 기술의 경계)

우리는 비행기를 '하늘을 나는 금속 새'라고 부른다. 무게 수백 톤의 거대한 쇳덩이가 하늘을 가로지르는 장면은 여전히 경이롭다. 그러나 그 비행기가 결코 완벽한 기계가 아니라는 사실을 아는 순간, 경이로움이 조금 사라진다. 비행기도 결국 인간이 만든 도구다. 날개와 엔진, 전자장비가 아무리 정교해도 그것이 가진 능력에는 한계가 있고, 그 한계를 넘어서는 순간 안전은 위태로워진다. 우리가 비행의 본질을 제대로 이해하려면, 이 한계를 깨달아야 하는 것이다.

항공기의 가장 기본적인 한계는 활주로와 관계된다. 비행기는 이륙하기 위해 일정 거리를 달려야 한다. 활주로가 짧으면 대형기는 뜰 수 없다. 울릉공항이 대형 제트기를 받아들일 수 없는 것도 활주로가 1,200미터에 불과하기 때문이다. 작은 터보프롭 항공기는 가능하지만, 보잉 737이나 A320급 항공기는 뜨고 내리기에 위험하다. 반대로 인천공항은 3,750미터 활주로를 갖추어 세계 어디로든 날아갈 수 있는 초대형 항공기가 이용할 수 있다. 활주로 길이는 곧 항공기의 성능을 결정하는 가장 기초적인 조건이 된다.

무게와 연료도 항공기의 발목을 잡는다. 항공사는 늘 무게와 싸움을 한다. 연료를 많이 싣게 되면 멀리 갈 수 있지만, 그만큼 탑재 가능한 화물과 승객 수가 줄어든다. 반대로 화물과 승객을 가득 채우면 연료를 덜 실어야 하고 짧은 구간만 운항할 수 있다. 기술은 이를 최적화하기 위해 끊임없이 엔진 효율을 개선하고 날개를 개선하고 있지만, 물리적 제약은 사라지지 않는다. 기상은 또 다른 한계다. 비행기는 날씨와 늘 대치한다. 난기류에 흔들리고, 짙은 안개 속에서 가시거리가 확보되지 않기도 한다. 겨울철 구름 속에서 날개에 얼음이 붙으면서 양력이 줄어들기도 한다. 강풍도 문제다. 특히 비행기 착륙시 옆쪽에서 부는 측풍은 비행기 도착의 마지막 순간에 발목을 잡기도 한다. 제주공항은 특히나 계절마다 강풍으로 수십 편의 항공편이 결항되곤 한다. 기술이 발전하더라도 바람을 이길 수는 없다. 그저 견딜 뿐이다.

자연의 힘이 때때로 하늘길 전체를 멈추게 하기도 한다. 2010년 아이슬란드에서 화산이 분출했을 때, 유럽 전역의 항공편이 무려 일주일 넘게 멈추는 상황이 발생했다. 화산재 구름 속을 비행기가 통과하면, 엔진이 정지할 위험이 있기 때문이다. 실제로 1982년 영국항공 소속 보잉 747기는 인도네시아 상공에서 화산재를 만나 엔진 네 개가 모두 꺼지게 되었다. 다행히 조종사의 침착한 대처로 사상자가 전혀 생기지 않고 자카르타 공항에 비상착륙 하였지만, 화산재가 항공기에 얼마나 치명적인지를 보여 준 사건이었다. 이처럼 자연은 언제나 항공기의 한계를 깨닫게 하며, 인간에게 겸손을 강요한다.

항공 전자장비에도 한계가 있다. 위성항법과 레이더가 아무리 정밀해도 전파 장애나 기술적 결함은 늘 존재한다. 2019년 서울 상공에서 GPS

신호가 일시적으로 불안정해져, 일부 항공기가 RNAV 절차를 포기하고 전통적 VOR 항로로 회귀한 적이 있었다. 최근에도 북한이 발신지로 확인된 GPS 교란만도 매년 수백건씩 발생하고 있는 것으로 알려졌다. 이는 '기술은 언제든 흔들릴 수 있다'는 사실을 인식하고 대비해야 한다는 것을 다시 일깨워주는 사건들이다.

사람들은 종종 비행기를 만능의 기계처럼 생각한다. 그러나 항공 안전은 항상 한계 내에서 이루어진다. 공학자들은 무게와 양력, 연료와 항속거리, 기상과 장비의 한계 안에서 균형을 잡으려 애쓴다. 조종사들은 그 한계가 언제 다가올지 예민하게 주의하며 비행한다. 승객들은 보통 이런 한계를 알지 못한다. 비행기가 늘 예정대로 목적지에 도착하기에, 그 기계가 어떤 제약과 싸우는지 체감하지 못한다. 하지만 한 번의 강풍, 한 번의 결빙, 한 번의 기체 결함만으로도 우리는 그 싸움의 실체를 목격한다.

기술이 진보할수록 한계는 줄어드는 것처럼 보인다. 최신 항공기는 더 멀리, 더 빠르게 날 수 있다. 그러나 기술이 아무리 발전해도 새로운 한계는 늘 등장한다는 사실을 잊지 말아야 한다. 연료 효율은 개선되지만, 탄소 배출은 여전히 문제다. 시스템의 자동화로 항공기의 조종은 수월해졌지만, 시스템 오류의 가능성은 완전히 사라지지 않는다. 그래서 항공 분야에서 꼭 기억해야 할 것은 '한계를 넘지 않도록 안전을 유지하는 것'이다. 기계의 능력을 과신하지 않고 그 한계를 인정하며, 그 안에서 최선의 방안을 찾는 것. 이것이 항공 기술자와 조종사, 관제사들이 공유하는 철학이다. 기술의 한계는 언제나 존재한다. 그러나 바로 그 한계 때문에 인간의 역할이 중요해진다. 비행은 결국 사람의 손길 속에서 완성되는 것이다.

항공사고의 절반 이상은 기계 결함이 아니라 사람의 실수에서 비롯된다. 통계는 냉정하다. 비행기는 수많은 센서와 장치로 무장하지만, 결국 이 기계를 다루는 건 인간이다. 조종사의 손과 눈, 관제사의 지시와 판단, 정비사의 체크와 서명이 없다면 어떤 비행기도 하늘에 오를 수 없다. 그래서 항공 안전의 본질은 기계의 성능이 아니라 사람의 협력에 달려 있다.

조종사의 한계는 우선 육체에서 시작한다. 장시간 비행은 피로를 누적시키고, 시차는 생체리듬을 뒤흔든다. 10시간 이상 조종간을 잡은 조종사가 마지막 착륙 단계에서 집중력을 유지하기란 쉽지 않다. 피로는 눈앞의 계기판을 흐리게 하고, 작은 경고음을 놓치게 만든다. 또 조종사는 인간이기에 착각한다. 구름 속에서 수평 감각을 잃는 '공간지각 상실(Spatial Disorientation)'은 숙련된 조종사도 피해갈 수 없는 함정이다. 1999년 미국에서 발생한 JFK 출발 이집트항공 990편의 추락 사고는 기체 결함이 아닌 조종사의 공간지각 상실과 판단 오류가 원인이었다.

의사소통 문제는 더 치명적이다. 1977년 카나리아 제도 테네리페 공항에서 KLM과 팬암 여객기가 충돌해 583명이 사망한 사고는 관제사와 조종사 간의 애매한 무전 교신에서 비롯되었다. '이륙 허가'와 '대기 지시' 사이의 모호함이 불러온 참사였다. KLM 조종사의 "We are now at takeoff." 라는 교신에 대해 관제사가 "OK. stand by for takeoff." 라고 답변하였는데, 조종사는 이를 이륙 허가를 받은 것으로 오해하면서 두 대의 항공기가 동시에 활주로에 존재하게 된 것이다. 언어의 미묘한 차이가 생과 사를 가른 것이다. 이 사건 이후 국제항공 분야에서는 무전 교신 문구를 더욱 엄격히 표준화했다.

  공항을 계획하며, 미래를 고민하다

그러나 인간은 때로는 기계를 능가하는 판단으로 위기를 극복하기도 한다. 앞에서도 예를 들었던 2009년 뉴욕 허드슨강에 불시착한 US Airways 1549편은 그 대표적인 사례다. 기장 설리는 새떼와 충돌해 양쪽 엔진이 모두 꺼진 여객기를, 활주로 대신 강에 착수시키는 결단을 내렸다. 매뉴얼에도 없는 선택이었지만, 그 순간의 침착한 인간적 판단이 155명의 생명을 살렸다.

우리나라 여객기의 사례도 있다. 1997년 대한항공 801편 괌 추락 사고는 피로와 절차 위반, 관제와의 의사소통 문제 등 인간적인 요인이 겹친 비극이었다. 반면 2016년 김포공항 지상 충돌 사고에서는 관제사의 빠른 지시와 조종사의 긴급 대응으로 더 큰 피해를 막을 수 있었다. 같은 인간 요인이라도 어떤 경우에는 사고로 이어지기도 하고, 또 어떤 경우에는 사고를 막는데 기여하기도 한다.

이 때문에 항공업계는 오래전부터 인간 요인을 관리하기 위한 제도를 만들어왔다. 대표적인 것이 CRM(Crew Resource Management)이다. 조종실 안에서 기장과 부기장, 승무원이 위계에 눌리지 않고 의견을 교환하도록 훈련하는 것이다. 기장이 무조건 옳다는 문화는 위험하다. 부기장이 이상을 발견하면 즉시 말하고, 기장은 이를 존중해야 한다. 이런 문화는 단순히 훈련만으로는 만들 수 없다. 조직 전체의 안전 문화가 뒷받침돼야 한다.

또 하나는 SMS(Safety Management System), 안전관리 시스템이다. 위험 징후를 사전에 보고하고, 이를 분석해 개선하는 체계다. 여기서 중요한 것은 '보고가 곧 벌이 되지 않는 문화'이다. 작은 실수라도 기록하고 공유해야 한다. 그래야 같은 실수가 반복되지 않는다. 보고한 사람을 처벌하면, 아무도 말하지 않는다. 숨겨진 위험은 결국 더 큰 사고로 폭발한다.

인간 요인을 다룬 연구들은 늘 같은 결론을 내린다. 사람은 취약하지만, 동시에 필수 불가결한 존재이다. 자동화가 늘어난 오늘날에도 조종사는 기계를 보완하고, 기계는 인간을 지원한다. 어느 한쪽이 사라지면 항공 안전은 무너진다. 나는 이 긴장을 '협력을 위한 조건'이라고 부르고 싶다. 기계와 인간이 서로를 불신하지 않고, 서로의 약점을 인정하며, 함께 안전을 지켜내기 위한 조건이다. 조종사는 기계의 알람을 믿고, 기계는 인간의 결정을 존중한다. 관제사는 조종사의 피로를 고려해 지시하고, 조종사는 관제사의 언어를 정확히 따르며 확인한다. 정비사는 매뉴얼대로 작업하지만, 경험적 직감으로 위험을 감지하기도 한다. 이 모든 것이 하나의 체인으로 이어져야 항공은 안전하다.

기술의 경계에서 멈춘 이야기는 결국 인간으로 귀결된다. 비행기의 한계를 극복하는 것도, 때때로 그 한계를 드러내는 것도 인간이다. 그러므로 항공 안전은 단순히 기계의 성능이나 기술의 진보가 아니라, 인간이 얼마나 협력하고 소통하며 신뢰를 구축하느냐의 문제다.

　공항을 계획하며, 미래를 고민하다

5장 — 하늘 위의 질서를 만드는 무명의 지휘자들
(항공교통관제, 보이지 않는 하늘길의 조율)

사람들은 비행기를 보며 늘 같은 질문을 던진다. "어떻게 저 많은 비행기가 서로 부딪히지 않고 다닐 수 있을까?" 하늘에는 차선도, 신호등도 없다. 눈에 보이는 울타리도 없는데, 매 순간 수백 대의 항공기가 서로의 간격을 지키며 날아다닌다. 자동차 도로 위에서조차 접촉 사고가 끊이지 않는데, 900km 속도로 움직이는 하늘길에서는 어떻게 충돌이 일어나지 않을까. 그 답은 공항에 높이 솟은 관제탑과 항공교통센터에서 시작된다.

관제사는 하늘길에서 비행기들이 안전하게 이동하도록 안내한다. 관제사는 순간순간 수십, 수백 명의 생명을 동시에 맡는다. 관제사의 목소리는 단순한 지시가 아니라, 생존의 언어다. "대한항공 1118, 활주로 07 이륙 허가." 짧은 한 문장 속에 수많은 계산과 긴장이 담겨 있다.

항공교통관제는 세 단계로 이루어진다. 가장 기본이 되는 것은 공항의 관제탑, 타워에서 수행하는 비행장 관제다. 활주로와 유도로, 지상 이동을 모두 관리한다. 조종사가 언제 활주로에 진입할지, 언제 이륙할지, 착륙 후 어느 유도로로 빠져나갈지를 지시한다. 눈앞에서 수십 대의 항공기가 동시에 움직이는 장면은, 육상 교통과 비교할 수 없을 만큼 복잡하다. 활주로 하나에서도, 수십 대의 항공기가 동시에 이륙을 준비하고 착륙을 시도한다. 그 다음은 접근관제다. 접근관제 공역 내에서 이륙이나 착륙하려는 비행기에게 제공하는 관제업무로써, 접근관제는 마치 하늘의 정류장을 운영하는 사람들 같다. 각지에서 날아오는 비행기를 순서대로 줄 세워, 활주로에 안전하게 내려오도록 경로를 조율한다. 인천 접근관제실에서는 매일 수백 편의 국제선이 줄지어 바다 위로 몰려든다. "아시아나 212, 고도 8,000피트로 하강. 속도 210으로 유지." 이런 지시는 단순한 안내가 아니라, 하늘 위 거대한 흐름을 맞추는 지휘다. 가장 넓은 범위는 지역관제, 또는 항로관제다. 전국과 국제 항로를 따라 날아다니는 항공기들을 관리한다. 인천 항로관제센터는 동북아의 심장과 같다. 한국 상공을 가로지르는 수백 대의 항공기를 한눈에 보며, 일본과 중국, 러시아, 몽골, 대만의 관제기관과 실시간으로 교신한다. 항공기 한 대가 서울에서 도쿄로 가려면, 한국의 관제사가 일본 관제사에게 인계해야 한다. 그 순간에는 시차도, 언어도, 국경도 문제가 될 수 있다. 그러나 한 치의 오차 없이 이루어져야 한다.

관제사의 임무는 사실 단순하다. 항공기가 서로 부딪히지 않도록 간격을 유지하는 것이다. 그러나 단순한 원칙을 지키기 위해 관제사는 엄청난 계산을 한다. 항공기 간 최소 간격은 수평으로 5해리(9.26km), 수직으로 1,000피트(300m). 이 원칙을 지키며, 서로 다른 속도와 항로를 가진 수십 대의 비행기를 움직이는 건, 눈에 보이지 않는 체스를 두는 일과 같다.

인천공항 관제탑은 하루 1,000회 이상의 이착륙을 관리한다. 관제사 한 명은 몇 초 단위로 결정을 내려야 한다. 제주공항은 더 극적이다. 하루 450편 이상의 항공기가 몰리지만 활주로는 단 하나다. 착륙하는 항공기가 활주로를 늦게 빠져나가면, 뒤따르는 비행기는 하늘 위에서 대기해야 한다. 관제사는 이 순간을 지켜보며, 눈과 귀, 머리로 동시에 계산한다.

나는 제주공항 관제탑에 올라간 적이 있다. 활주로 끝에서 빼곡하게 줄선 항공기를 바라보며, 관제사가 짧은 무전을 내보냈다. "진에어 506, 활주로 진입 대기. 아시아나 8941, 착륙 허가." 불과 몇 초 차이로 지시가 오갔다. 그러나 그 몇 초의 간격이 공항 전체의 리듬을 만들었다. 관제사의 차분한 목소리 덕분에, 수백 명의 승객은 아무 일 없다는 듯 활주로를 달리고 착륙했다.

관제사에게는 관제를 지원해주는 기술적 장비들이 있다. 레이더와 전자 비행지도, 최신 통신 장치가 관제를 돕는다. 그러나 마지막 순간의 판단은 사람의 몫이다. 레이더에 찍힌 수십 개의 점을 바라보며, 어떤 비행기를 먼저 내리고 어떤 비행기를 돌려야 할지, 그 결정은 컴퓨터가 대신해 주지 않는다. 기계는 도구일 뿐, 질서를 만드는 건 결국 사람이다. 관제사의 일은 늘 긴장 속에서 이루어진다. 관제석에 앉는 순간, 그는 수십 대의 항공기와 수천 명의 생명을 동시에 책임진다. 눈은 모니터를 따라 움직이고, 귀는 무전을 듣는다. 두 손은 키보드와 마이크를 오가며, 입은 단호하고 명확한 지시를 내보낸다. 이 모든 게 단 몇 초 안에 이루어진다. 긴장과 책임, 그리고 정확함이 한 몸처럼 묶여 있다. 관제사의 긴장은 위기 상황에서 극대화된다. 활주로에 기체가 멈춰 서거나, 착륙 항공기가 엔진 이상을 호소하면, 순식간에 모든 비행기를 다른 방향으로 돌려야 한다. 관제탑의 공기는 순간 얼어붙는다. 그러나 관제사는 평정심을 잃지 않는다. "모두 대기, 활주로 점검 중" 차분한 목소리 뒤에서 수많은 계산이 돌아간다. 관제사가 만드는 질서는 오직 사람의 집중과 경험, 그리고 순간의 판단으로 유지된다. 관제의 세계를 들여다보면, 기술과 인간이 어떻게 얽혀 있는지 알 수 있다. 컴퓨터가 도와주지만, 컴퓨터는 질서를 만들지 않는다. 그것은 사람이 하는 일이다. 관제사는 하늘길을 지켜내는 마지막 보루다.

　관제는 하늘의 교통경찰 역할을 한다고 볼 수 있지만, 단순하지 않다. 경찰은 사고가 나면 사후에 그 사고를 처리하지만, 관제사는 사고가 나기 전에 미리 예방해야 한다. 그들의 판단 하나가 충돌을 막고, 생명을 지킨다. 그 짧은 문장 하나, '착륙 허가'라는 말 속에 수십 년간 축적된 경험과 훈련이 담겨 있다. 하늘길의 질서는 관제사의 눈과 귀, 그리고 판단 속에서 만들어진다. 이 질서는 단순히 사람의 목소리만으로 유지되는 것은 아니다. 새로운 기술이 들어오고, 국제적 협력이 더해지고, 운영 문화가 변하면서 관제의 세계 또한 끊임없이 확장되고 있다.

20세기 중반까지만 해도 관제사는 육안과 무전, 그리고 단순한 레이더에 의존했다. 레이더 화면에는 점 몇 개가 움직일 뿐이었다. 관제사는 그 점이 어떤 항공기인지, 어떤 항로를 따라 어디로 가고 있는지 끊임없이 확인해야 했다. 그러나 지금은 다르다. ADS-B(Automatic Dependent Surveillance - Broadcast) 라는 새로운 장치가 항공기의 위치와 속도, 고도를 위성 신호로 관제사에게 실시간 전송한다. 모니터 위에는 점이 아니라, 항공편 번호와 정보가 함께 나타난다. 관제사는 단순히 점의 움직임을 추측하는 대신, 정확한 데이터에 근거해 지시를 내린다.

무전 교신도 변했다. CPDLC(Controller Pilot Data Link Communications), 즉 데이터 링크 통신이 도입되면서, 조종사와 관제사는 문자 메시지처럼 글자로 된 지시를 주고받을 수 있게 되었다. 무전이 혼잡하거나 언어가 불명확할 때, 데이터 링크는 오해의 여지를 줄여 준다. 하늘길의 소음 속에서 기술은 인간의 언어를 더 명확히 전달해 준다.

그러나 새로운 기술만으로는 하늘의 질서를 감당할 수 없다. 국제선 항로는 여러 나라의 관제기관을 거친다. 서울에서 파리를 가는 비행기는 한국, 중국, 중앙아시아, 유럽 여러 나라의 관제 구역을 거쳐야 한다. 국가마다 언어도 다르고, 관제 문화도 다르다. 그럼에도 불구하고 충돌은 없다. 왜냐하면 ICAO가 정한 표준 문구와 절차, 그리고 각국 관제사의 신뢰가 뒷받침되기 때문이다. 하늘의 질서는 기술이 아니라 국제 협력의 산물이기도 하다.

협력은 공항 단위에서도 이루어진다. A-CDM (Airport Collaborative Decision Making), 공항협력 의사결정 시스템은 대표적인 예다. 항공사,

관제기관, 공항운영자, 지상조업사가 실시간으로 정보를 공유한다. 항공기 출발이 지연되면 그 정보는 즉시 모든 주체에게 전송되고, 활주로 배정, 게이트 운영, 지상조업 일정이 다시 맞춰진다. 이 시스템이 없던 시절에는 출발 지연 하나가 공항 전체를 엉망으로 만들었다. 지금은 각 주체가 같은 데이터를 공유하며, 협력으로 질서를 만든다.

기술의 진보는 관제를 더 정밀하게 만들었다. ATFM(Air Traffic Flow Management, 항공교통 흐름관리)은 항공교통 현황과 항공기 이착륙, 운항 스케줄을 실시간으로 확인하면서 공항과 공역에서의 항공 교통량을 조정하여 안전하고 원활한 흐름이 유지되도록 해주는 시스템이다. 한 공역이 혼잡해지면, 다른 지역의 항공편 출발 시간을 조정해 균형을 맞춘다. 유럽의 유로컨트롤(Eurocontrol)은 이런 국제적 협력의 상징이다. 대륙 전체를 하나의 하늘로 보고, 수십 개 나라의 항공 흐름을 동시에 관리한다. 아시아에서도 인천과 싱가포르, 도쿄가 협력하며 흐름을 맞춘다.

그러나 관제사는 여전히 인간이다. 하루 종일 근무를 교대하며, 수백 대의 항공기를 동시에 다룬다. 작은 피로가 큰 실수로 이어질 수 있다. 그래서 관제 조직은 교대제와 휴식 관리에 매우 엄격하다. 피로를 줄이는 건 안전을 지키는 또 다른 방식이다. 기술로는 해결할 수 없는, 오직 인간적 조건을 다루는 문제다.

관제는 하늘의 질서를 만드는 가장 극적인 현장이다. 수많은 기술이 투입되고, 국제적 협력이 뒤따르며, 데이터가 실시간으로 흐른다. 그러나 그 질서는 결국 사람과 사람의 신뢰 속에서 완성된다. 조종사는 관제사의 지시를 따르고, 관제사는 조종사가 따라줄 것을 믿는다. 항공사는 관제 시스템을 신뢰하고, 관제사는 항공사가 협력할 것이라 기대한다. 이 신뢰

 공항을 계획하며, 미래를 고민하다

가 깨지는 순간, 하늘의 질서는 무너진다.

　기술과 협력이 얽히는 이 장면은 곧 항공 안전의 축소판이다. 최신 장비와 시스템이 아무리 정밀해도, 그것을 운영하는 사람들의 신뢰와 협력이 없다면 의미가 없다. 그래서 나는 현장의 관제사 분들을 항공 안전 업무 종사자가 아니라, 예술가라고 부른다. 수십 대의 비행기를 동시에 지휘하며, 보이지 않는 악보 위에서 모든 연주단원들이 하모니를 이루는 교향곡을 연주하는 일. 그 교향곡의 악보는 기술이 쓰고 있지만, 연주는 사람이 완성한다. 관제는 결국 사람과 기술이 만나 이루는 협력의 결정체다. 이를 통해 우리는 항공 안전을 만들어 낸다.

6장 — 사람과 기술의 협업, 항공 안전을 만드는 손길들
(더 안전한 하늘길을 위한 차세대 항행 시스템)

비행기를 타 본 사람은 누구나 안심한다. 거대한 기계가 시스템에 따라 움직이고, 최신 장비가 실시간으로 감시하고 있으니, 사고 따위는 일어나지 않을 거라고 믿는다. 그러나 항공 안전 측면에서 자세히 들여다보면, 그 믿음이 얼마나 부분적인지 깨닫게 된다. 아무리 첨단 장비로 무장한 항공기라 해도, 그 마지막 순간을 책임지는 건 결국 사람이다. 조종사의 손길, 관제사의 목소리, 정비사의 눈빛이 없다면, 그 비행은 안전하지 못할 것이다. 현시대의 기술은 뛰어나지만, 기술로는 다 채울 수 없는 빈틈이 있다. 그 빈틈을 메우는 건 언제나 인간이다.

비행기 사고의 원인을 분석하면, 절반 이상은 인적 요인에서 비롯된다. 그러나 동시에 수많은 사고가 인간 덕분에 사전에 막아져서 발생하지 않았다는 사실. 아이러니하게도, 사람이 갖는 약점이면서도 강점이다. 나는 이 점이 항공의 본질이라고 생각한다. 기계는 정확하지만 경직되어 있고, 사람은 불완전하지만 때로는 놀라운 적응력을 발휘한다.

대표적인 사례로 다시 한번 2009년 허드슨강의 기적을 살펴본다. 이륙 직후 새 떼와 충돌해 엔진 두 개가 모두 꺼진 US Airways 1549편. 매뉴얼 어디에도 '맨해튼 한복판 강에 불시착하라'는 문장은 없었다. 그러나 기장 설리는 망설이지 않았다. 몇 초 안에 내린 결단은 155명의 생명을 구했다. 기술이 실패한 순간, 인간이 빈틈을 메운 것이다.

정비사의 직감도 마찬가지다. 매뉴얼은 정비의 기준을 알려 주지만, 모든 상황을 다 담을 수는 없다. 오랜 경험을 가진 정비사는 매뉴얼에 없는 징후를 포착한다. 작은 금속 소리나 연료 냄새의 차이를 느끼고, 큰 사고를 미리 막는다. 나는 공항 현장에서 정비사들이 "이건 느낌이 안 좋아." 라며 세세한 부분까지 다시 확인하는 모습을 본 적이 있다. 그것은 매뉴얼에 상세히 나오는 귀찮은 절차가 아니라, 수백 명의 생명을 지키는 직감이었다.

관제사의 판단도 인간의 영역이다. 레이더와 시스템이 정보를 제공하지만, 그것을 조율하는 건 사람이다. 갑작스런 급변풍이 불어올 때, 어느 항공기를 공중에 대기 시킬지, 어느 항공기를 어떤 방향으로 보낼지는 단순한 알고리즘으로 정리할 수 없다. 관제사는 차분한 목소리로 지시했지만, 그 머릿속에서는 수십 가지 가능성을 동시에 계산하고 있는 것이다.

나는 항공을 '한계 위에서 이루어지는 안전'이라고 표현하고 싶다. 기계는 놀라운 성능을 자랑하지만, 항상 조건이 있다. 활주로 길이, 기상 조건, 연료량. 기술의 경계는 분명하다. 그 경계 위에서 안전을 지켜내는 건 인간의 결단과 협력이다.

어느 날 제주공항 활주로에서 강풍으로 수차례 착륙이 실패한 항공기를 본 적이 있다. 조종사는 두 번의 착륙 시도를 포기하고 회항을 선택했다. 승객들은 아쉬워했겠지만, 나는 그 결단이야말로 인간이 메우는 빈틈이라고 생각했다. 매뉴얼상 착륙 절차를 따라 움직이지만, 착륙을 포기하는 결단은 사람의 몫이다. 그 결단이 없었다면, 비행은 더 위험했을 수 있다.

사람은 늘 불완전하다. 그러나 그 불완전함이 때로는 강점이 된다. 기계는 정해진 경로를 따르지만, 사람은 상황을 보고 다르게 선택한다. 기술이 놓치는 빈틈을 메우는 힘은 결국 인간의 경험과 감각에서 나온다. 그래서 항공 안전은 기계가 만드는 것도, 사람만이 만드는 것도 아니다. 두 존재가 서로의 빈틈을 메워 주며 완성된다. 기술로는 다 할 수 없는 일이 있고, 그걸 사람이 채운다. 그러나 사람만으로도 부족하다. 항공 안전을 설명할 때 자주 쓰는 비유가 있다. 그것은 '치즈 모델'이다. 여러 장의 치즈 조각을 겹쳐 놓았을 때, 각각에는 구멍이 있지만 모든 구멍이 한 줄로 뚫리지는 않는다. 한 조각의 구멍이 다른 조각의 치즈로 막히듯, 항공 안전도 수많은 방어층이 겹쳐져 있어 한 번의 실수나 결함이 전체 사고로 이어지지 않는다. 그 방어층을 이루는 것은 기술과 사람이다.

기술은 항공 안전의 첫 번째 방패다. TCAS(Traffic Collision Avoidance System), 공중충돌방지장치는 하늘 위에서 두 항공기가 일정 거리 이내로 접근하면 자동으로 경고음을 울린다. "Climb, climb." "Descend, descend." 조종사는 이 지시를 반드시 따라야 한다. 실제로 TCAS는 수많은 충돌을 막았다. 2001년 일본 상공에서 두 여객기가 충돌 위기에 놓였을 때, TCAS의 경고 덕분에 비극은 막을 수 있었다.

그러나 2002년 독일 우버링겐 상공에서는 관제 지시와 TCAS 지시가 충돌했고, 조종사가 관제를 따른 결과 비극이 발생했다. 기술은 경고를 보냈지만, 인간의 선택이 비극과 생명을 갈랐다.

지상 접근 경보장치(GPWS, Ground Proximity Warning System)도 있

　　　　　　　　공항을 계획하며, 미래를 고민하다

다. 비행기가 낮은 고도로 위험하게 접근하면, "Terrain, pull up."이라는 경고가 울린다. 이 장치 덕분에 많은 항공기가 산악 충돌을 피했다. 그러나 장치가 경고했음에도 불구하고 조종사가 무시하거나 오작동으로 혼란이 생기면 사고가 난다. 기술은 신뢰를 요구하고, 인간은 그 신뢰를 어떻게 받아들일지 결정한다.

자동조종장치(Auto Pilot)도 빼놓을 수 없다. 현대 여객기의 대부분 비행은 자동조종 모드로 이루어진다. 기계가 고도와 속도를 유지하며, 바람과 난기류를 조정한다. 그러나 자동조종에 지나치게 의존하면, 조종사의 감각은 무뎌진다. 2009년 6월 1일 프랑스 에어프랑스 447편은 자동조종 해제 후 조종사의 대응 실패로 대서양에 추락했다. 기술이 안전망으로 사용되고 있었지만, 사람의 감각과 신뢰가 무너지는 순간 안전망은 소용없었다.

공항에도 기술의 안전망은 빽빽하다. 활주로 감시 레이더는 항공기가 허가 없이 활주로에 진입하면 경보를 울린다. 제설 장비는 겨울마다 활주로의 눈을 치우고, 조류 퇴치 장치는 활주로 주변의 새 떼를 몰아낸다. 그러나 제설차를 움직이는 것도, 조류를 몰아내는 것도 결국 사람이다. 기술은 장비를 제공하지만, 그 장비를 통해 안전을 확보하는 건 사람의 손길이다.

항공 안전은 점점 체계적인 시스템으로 확장된다. 앞에서 살펴본 SM-S(Safety Management System), 안전관리시스템은 위험 요소를 사전에 보고하고 기록하게 한다. LOSA(Line Operations Safety Audit), 항공사의 운항 안전 감사는 조종사의 위험한 행동을 식별하여 관리함으로써 안전 문화를 확보한다. 이런 제도는 기술이 아니라 사람을 신뢰해야 작동한다. 보고자가 처벌받지 않는다는 신뢰, 조직이 문제를 덮지 않고 개선한다는 믿음이 있어야 안전 문화가 유지된다. 기술적 시스템과 인간적 신뢰가 함께 움직일 때, 진짜 안전망이 완성된다.

항공 안전은 사회적 자산이다. 한 국가의 공항과 항공사가 신뢰를 잃으면, 그 나라는 국제 하늘길에서 고립된다. 기술적 투자가 필요하고, 인적 자원의 훈련이 필요하다. 하지만 그 둘을 엮어 내는 건 신뢰다. 조종사가 TCAS의 지시를 믿고, 관제사가 레이더를 믿으며, 승객이 항공사를 믿을 때, 하늘길은 질서를 갖춘다.

나는 이렇게 말하고 싶다. 항공 안전은 사람이 기계를 이용하는 것을 넘어 협력의 산물이다. 기술은 안전망을 만들고, 사람은 그 안전망을 믿고 지킨다. 어느 한쪽이 사라지면 질서는 무너진다. 기술은 사람을 보완하고, 사람은 기술을 검증한다. 이 상호작용이 항공 안전의 본질이다.

   공항을 계획하며, 미래를 고민하다

04

다시, 현장에서 길을 묻다

〔사람과 공존하는 공항의 철학〕

1장 — 마침내 문이 열리고, 그리움이 만났다
(인천공항 제2터미널 개장, 그 설렘의 현장)

공항은 여객터미널 건물과 활주로만으로 운영되는 것이 아니다. 철골과 유리, 콘크리트로 지어진 거대한 공간에 생명을 불어넣는 것은 결국 사람들의 손길과 준비의 시간이다. 인천국제공항 제2여객터미널 개장은 한국 항공 역사에서 가장 큰 무대 중 하나였다. 그러나 그 무대 뒤편에서 어떤 일이 벌어졌는지, 현장에서의 고민을 아는 사람은 많지 않다. 나는 그 과정에 몸을 담으며, 공항이란 단순한 시설이 아니라 인간의 협업과 기억이 겹쳐진 현장이라는 사실을 다시 배웠다.

개장을 앞두고 가장 먼저 만들어진 건 '운영 준비단'이었다. 이름만 들으면 거창해 보이지만, 사실은 하나하나 점검하고 수정하는 집요한 회의의 연속이었다. 매주 준비단 회의실에는 수십 명이 모였다. 항공사, 출입국관리, 세관, 보안 검색, 면세점, 인천공항공사 직원까지 모두 한자리에 앉았다. 책상 위에는 빽빽한 체크리스트가 놓였다. 활주로 점검, 수하물 처리, 여권 심사 시스템, 보안 검색대 작동, 비상 대피 훈련. 한 줄 한 줄을 따라가며 '이 항목은 이상 없음, 저 항목은 개선 필요'라는 보고가 이어졌다. 누

 공항을 계획하며, 미래를 고민하다

군가 넘긴 사소한 문제도 곧장 메모로 포함되었다. '게이트 안내판에 영어 번역 오류 발견. 수정 필요', '수하물 벨트 속도가 예상보다 느림. 보완 대책 검토' 이렇게 논의된 항목은 다시 다음 주 회의에서 확인되었다.

공항이라는 공간은 거대한 톱니바퀴다. 그 톱니바퀴는 하나라도 헛돌게 되면 전체가 멈춘다. 그래서 준비단은 끝없이 회의했고, 그 회의가 때로는 밤을 넘어 새벽까지 이어졌다. 피곤해진 얼굴 속에서도 모두가 알고 있었다. 개장 당일 조그마한 사고라도 나면, 수년간 쌓아 온 신뢰가 무너진다는 것을. 개장 준비의 하이라이트는 '종합운영 테스트'였다. 종이와 회의실에서 아무리 시뮬레이션을 해 보더라도, 실제 승객이 없는 공항은 공항이 아니다. 그래서 가상의 일반 승객을 모집했다. 수백 명의 지원자가 몰렸고, 이들은 하루 동안 진짜 여행을 떠나는 것처럼 공항을 경험했다. 가상의 여권이 준비됐다. 이름도 국적도 임의로 적힌, 그러나 실제 여권과 똑같이 생긴 작은 책자였다. 참가자들은 그 여권을 들고 체크인 카운터 앞에 줄을 섰다. 항공사 직원들은 실제 승객처럼 탑승권을 발급했다. "파리행 항공편입니다. 탑승구는 110번." 그 순간만큼은 모두가 진짜 여행자가 되었다. 수하물도 부쳤다. 가짜 태그가 붙은 여행 가방이 컨베이어 벨트 위로 흘러들어갔다. 그 가방은 지하 수하물 처리 시스템을 따라 이동했고, 모니터 앞에 앉은 직원들은 번호와 행선지를 추적했다. 중간에 한 가방이 다른 벨트로 빠지자 즉시 무전이 울렸다. "테스트 수하물 23번, 경로 이탈. 복구 확인." 시스템이 확인되고 정상 작동하는 과정을 보며 나는 안도와 긴장감을 동시에 느꼈다. 출국 심사대에서도 풍경은 진짜 같았다. 가상의 여권을 내밀자, 심사관은 장비에 대고, 화면에 뜬 이름과 얼굴을 확인했다. "여권 확인 완료. 즐거운 여행 되십시오." 심사관의 표정은 진지했다. 개장 후 수만 명의 실제 승객을 맞을 준비가 이 작은 훈련 속에 담겨 있었다. 보안 검색대에서는 일부러 가방 속에 금속 물체를 넣기도 했다. X-ray 모니터에 작은 이물질이 뜨자, 보안요원은 곧바로 세부 개봉 검사를 지시했다. 참가자는 당황한 듯 웃었고, 보안요원은 절차대로 가방을 열었다.

나는 그날의 풍경을 잊을 수 없다. 새벽부터 모여든 참가자들의 설렘, 직원들의 긴장된 눈빛, 그리고 작은 오류 하나에도 즉시 움직이던 사람들. 공항은 단순한 건물이 아니라, 사람들의 협업으로 살아 움직이는 유기체였다. 개장 준비 과정은 한없이 힘들었지만, 동시에 공항이라는 공간이 가진 특별한 힘을 보여 주었다. 그 힘은 기술과 장비가 아니라, 그 속에서 땀 흘리며 점검하던 사람들의 의지였다.

제2터미널 개장은 한국 항공 역사의 새로운 도약이었다. 그러나 나에게 더 크게 남은 건 거대한 건축물의 위용이 아니라, 회의실에 둘러앉아 체크리스트를 하나하나 지우던 사람들의 손길, 가상의 여권을 들고 설레던 시민들의 웃음이었다. 공항은 두 얼굴을 가진다. 효율과 안전이라는 차가운 얼굴, 그리고 인간의 기억과 감정이 겹쳐진 따뜻한 얼굴. 나는 제2터미널 개장 준비 속에서 이 두 얼굴을 동시에 보았다.

2018년 1월 12일, 인천공항 제2여객터미널은 마치 화려한 무대처럼 준비돼 있었다. 새로 지어진 건물은 오랜 기다림 끝에 첫선을 보이는 배우처럼 긴장과 기대를 머금고 있었다. 입구에는 오색 리본이 드리워졌고, 안내판에는 '사전 개장식'이라는 글자가 반짝였다. 언론의 카메라가 번쩍일 때마다, 유리 천장 너머로 퍼지는 빛이 겨울 햇살과 뒤섞였다. 이날 행사에는 대통령께서 직접 참석했다. 문재인 대통령은 검은 외투 차림으로

 공항을 계획하며, 미래를 고민하다

입구에 들어섰고, 곁에는 국토교통부 장관과 인천국제공항공사 사장이 나란히 걸었다. 행사장 앞줄에는 익숙한 얼굴도 있었다. 김연아와 송중기. 공항 홍보대사로 위촉된 이들은 행사 내내 대통령과 동행하며 '스마트 공항 체험'에 나섰다. 기자들은 이들이 키오스크 앞에서 셀프 체크인을 시연하는 순간, 셔터를 쉴 새 없이 눌렀다.

대통령께서 입을 열었다.

"이곳은 대한민국의 새로운 얼굴입니다. 평창 동계올림픽을 맞아 세계인들에게 또 하나의 관문이 될 것입니다. 더 안전하고, 더 편리한 대한민국의 이미지를 여기서 보여 주게 될 것입니다." 차분한 목소리는 터미널 내부에 울려 퍼졌다.

곧 이어 김현미 장관이 마이크를 잡았다.

"공항은 태어나자마자 어머니가 됩니다. 떠나는 이를 배웅하고, 돌아오는 이를 품어 안습니다. 이곳은 바로 그 역할을 할 준비를 마쳤습니다."

행사장에 모인 이들의 얼굴엔 묘한 뿌듯함이 서려 있었다. 대통령의 말이 국가적 상징을 강조했다면, 장관의 말은 공항을 인간적인 언어로 끌어내렸다. 그 순간, 나는 공항이 단순한 건축물이 아니라 사람들의 기억과 감정을 담는 장소라는 사실을 새삼 느꼈다. 언론 기사는 '스마트 공항', '자율화된 시스템', '연간 7,200만 명 처리 능력' 같은 수치와 성과를 강조했지만, 현장에 있던 사람들의 기억은 대통령과 장관의 말 한마디, 김연아와 송중기의 미소로 남았다. 행사가 끝난 뒤에도 터미널 내부는 분주했다. 직원들은 자동 수하물 위탁 장치가 제대로 작동하는지 확인했고, 안내 로봇은 "안녕하세요, 인천공항입니다."라는 인사를 반복했다. 한쪽에서는 보안검색대가 시연되었고, 한 직원은 "이제는 대부분 자동으로 수하물을 확인할 수 있습니다.”라며 설명했다. 화려한 의례 뒤에는, 실제로 공항을 움직일 수 있게 하는 세밀한 점검이 이어졌다.

그리고 정확히 엿새 뒤, 1월 18일 새벽. 드디어 제2터미널은 살아 움직이기 시작했다. 그날 새벽의 공항은 차갑고 고요했다. 그러나 도착층 앞에는 이미 수십 명의 기자와 공항 직원들이 모여 있었다. 마닐라에서 날아온 대한항공 KE624편이 활주로에 내린다고 안내 방송이 나오자, 모두의 시선이 자동문으로 향했다. 4시 20분. 유리문이 열리고, 첫 승객들이 쏟아져 나왔다. 사회자가 외쳤다. “제2터미널의 첫 손님을 환영합니다!” 꽃다발이 건네졌고, 플래시가 번쩍였다. 이름이 호명된 승객은 정유정 씨. 새벽 비행으로 지친 얼굴이었지만, 그 순간만큼은 공항 역사의 한 장면을 차지한 인물이 되었다.

환영식 뒤편에서는 더 치열한 현실이 전개되고 있었다. 공항은 이미 몇 달 전부터 ‘2터미널 개장에 따른 혼선 대비 계획’을 세워두었다. 새로운 터미널로 항공사들이 이동하면서, 승객들이 제1터미널과 제2터미널을 혼동하기 쉬울 것이라고 예측하고 있었다. 실제로 이 날만 해도 적지 않은 승객들이 1터미널에 내려 허둥대는 모습이 보였다. 공항은 이를 막기 위해 안내 요원 102명을 주요 거점에 배치했고, 터미널 간 무료 셔틀버스 11대를 5분 간격으로 운행했다. 전광판과 표지판에는 “스카이팀 항공사 이용객은 제2터미널로 가십시오.”라는 안내가 반복됐다. 하지만 홍보만으로는 부족했다. 실제로 출발 시간이 임박한 승객이 잘못 도착했을 때는 긴급 대응이 필요했다. 그래서 공항은 비상 수송차량을 터미널에 상시 대기시켰다. 기사와 직원이 즉시 승객을 태우고 반대편 터미널로 달렸다. 탑승 마감 20분 전 승객이 황급히 차량에 올라탔고, 긴급히 2터미널로 이

　　　　　　　　　공항을 계획하며, 미래를 고민하다

동해 간신히 탑승에 성공했다. 공항의 개장은 환영식과 박수 뒤편에서 이런 숨가쁜 대응으로 완성되었다.

나는 그 순간이야말로 공항의 진짜 얼굴이라는 생각이 들었다. 겉으로는 환영식과 축하의 말이 있었지만, 실제로는 수많은 손길이 긴장을 감추며 승객을 제 시간에 태우기 위해 뛰고 있었다. 공항은 이제 다시 일상으로 돌아갔다. 자동문은 여전히 열리고 닫혔고, 수하물 벨트는 묵묵히 가방을 밀어냈다. 어떤 가족은 해외에서 돌아온 아들을 맞이하며 눈물을 흘렸고, 어떤 연인은 포옹을 오래 이어갔다. 공항은 화려한 개장식보다, 이런 순간들 속에서 진짜 의미를 드러냈다.

나는 그날을 떠올리며 다시 묻는다. 과연 공항은 누구의 것인가. 공항은 안내판 앞에서 당황한 승객들을 돕는 차분한 목소리의 안내원들과 보이지 않는 현장에서 땀 흘리는 분들의 삶터이다. 또한, 공항은 결국 '사람들의 기억이 쌓이는 장소'였다. 개장식의 연설도 우리 머릿속에 생생하게 남지만, 아이를 안고 울던 할머니와 가족들의 눈빛은 기억 속에 오래 남는다.

그렇기에 나는 이 장의 마지막을 이렇게 정리하고 싶다. 공항을 대표하는 것은 행사의 화려함이나, 카메라 앞에 미소 짓는 얼굴이 아니다. 공항의 주인은 그곳을 오가는 평범한 사람들의 시간과 기억이다.

공항을 계획하며, 미래를 고민하다

2장 — 아이는 비행기의 배(腹)만 그렸다
(소음대책위원장의 손녀 이야기)

아이들에게 비행기를 그려 보라고 하면 어떤 모양으로 그릴까?

날개와 동체가 보이는 옆모습?

조종석 창문이 보이는 정면 모습?

김포공항 주변 소음대책지역에 살고 있던 한 아이는 그렇지 않았다. 일반적인 아이들이 그리는 그림과는 달리, 그 아이는 늘 비행기의 아랫면만을 그림으로 그렸다. 그 아이의 할아버지인 소음대책위원장님을 만났을 때의 이야기이다.

김포공항 주변 소음대책지역의 소음대책위원장님을 만난 건 한여름 오후였다. 공항으로 이어지는 도로 옆, 오래된 마을회관에서였다. 낡은 건물이었지만 깔끔하게 정리된 회의실 창문에는 방음창이 달려 있었다. 그러나 제트엔진의 굉음은 여전히 유리창을 뚫고 들려왔다. 대화를 나누다 보면 몇 번씩 소리를 멈추고 기다려야 했다. 그 굉음은 이 지역 주민들의 삶을 쪼개는 시계추 같았다.

위원장님은 햇볕에 그을린 얼굴, 단단한 말투, 마을 사람들을 이끌며 지역 주민들의 피해를 오랜 시간 대표해 왔다는 강인함이 느껴지는 분이셨다. 지역 주민들의 소음 피해, 학교에서 소음이 학습에 미치는 문제, 냉방시설 지원의 부족함, 이것저것 이야기의 끝이 없었다. 그러던 중, 손녀 이야기를 꺼내셨다.

"우리 손녀는 말이죠, 비행기를 그릴 때마다 꼭 비행기의 아랫면만 그립니다."

나는 잠시 멈칫, 무슨 뜻이시냐고 물었다. 위원장님은 "여기 소음대책지역에 사는 아이들은 날마다 집 위로 날아가는 비행기를 올려다보며 살다보니, 늘 비행기의 아랫면밖에 못 봐요."

순간, 아이가 그린 그림이 눈앞에 그려졌다. 머리 위로 굉음을 내며 지나가는 비행기를 올려다보는 아이. 그 아이가 본 그대로를 종이에 옮긴 것이리라. 비행기의 아랫면. 길쭉한 바닥면과 날개를 아래에서 올려다본 모습. 잡지나 광고에서 주로 보이는 위풍당당한 항공기의 옆모습이 아니다. 아이의 그림은 이 지역 아이들이 살아가는 현실이었다. 위원장님은 씁쓸하게 웃었다.

"우리 동네 아이들은 하늘을 올려다보면서 굉음을 내는 비행기 아랫면만 봅니다. 이게 무슨 삶입니까?, 여러분들도 이 소음지역에서 1주일만 살아 보세요."

나는 아무런 대답을 하지 못했다.

김포공항은 하루 평균 약 350편 이상의 항공기가 뜨고 내리는 국내 최대의 도심형 공항이다. 몇 분 간격으로 머리 위로 비행기가 스쳐 지나간다. 김포공항 주변 소음대책지역에는 약 7만 8천 세대, 19만여 명이 거주한다. 그중 어린이와 청소년도 많다. 국토교통부가 발표한 자료를 보면

   공항을 계획하며, 미래를 고민하다

이 지역에 있는 초·중·고등학교는 총 25곳. 그런데 학교 교실의 방음시설들은 완벽하지는 않아서, 비행기가 머리 위로 지나가면 수업을 멈춰야 하는 경우가 많다. 소음대책지역의 교사들에게 물어본 조사 자료에 의하면, "수업 중 소음으로 집중력 저하가 심각합니까?"라는 질문에 대해 다들 일관되게 답을 했다. "심각합니다." 그렇게 응답한 비율이 70% 이상이라고 한다.

학교 밖도 다르지 않다. 집에서 숙제를 하다가도, 책을 읽다가도 비행기 소리가 들리면 머리가 멍해진다. 창문을 닫아도 들려오는 소리. 한여름에도 방음 때문에 창문을 닫고 냉방기를 켤 수밖에 없다. 학부모들은 고민한다. 아이들을 위해 다른 지역으로 이사 가야 하나? 하지만 오래 살아온 집을 떠나는 건 말처럼 쉽지 않다. 돈도 문제지만, 삶의 뿌리를 옮기는 건 가족 모두에게 큰 부담이다. 그래서 많은 가정이 그냥 버틴다. 버티며 살아간다.

위원장님은 말을 이었다. "창문을 닫고 에어컨을 돌리는 게 대책일 수는 없습니다. 아이들이 소음 때문에 수업을 중단하게 되지는 않도록 해야 합니다. 아이들이 집중할 수 있는 교실을 만들어야죠. 그리고 아이들이 느끼는 불안을 덜어 줄 상담 프로그램도 있어야 해요."

나는 그의 말을 들으며 고개를 끄덕였다. 맞는 말이었다.

소음대책지역의 학생들, 아이들을 위해서는 다양한 지원책을 추가로 마련해야 한다. 학교에는 아이들의 수업이 소음에 방해받아 중단되지 않도록 실질적인 지원책을 마련해야 한다. 정서적 불안을 해소할 수 있는 전문 상담 인력도 배치해야 한다. 예술 활동이나 체육 활동을 늘려서 아이들이 소음에서 벗어날 수 있는 시간도 만들어 주어야 한다. 그리고 더 중요한 것은 이 아이들이 비행기를 단순히 소음의 원인으로만 받아들이지 않도록 해야 할 것이다. 항공산업과 연계된 체험 프로그램을 만들 수 있을 것이다. 공항 견학, 비행기 제작 과정 체험, 항공 관련 직업 교육 등. 이런 활동을 통해 아이들이 비행기를 피해를 유발하는 대상이 아닌 탐구의 대상으로 바라볼 수 있게 만들어 주어야 한다.

나는 다시 위원장님의 손녀를 떠올렸다. 아이가 비행기의 아랫면만 그리는 건 단순한 관찰일지도 모른다. 하지만 그 그림에는 이 지역 아이들이 느끼는 무의식적인 불안과 위축이 스며 있지 않을까. 아이들에게 하늘은 꿈과 희망을 품는 공간이어야 한다. 그런데 이곳 아이들에게 하늘은 굉음이 가득한 공간이다. 그들의 하늘은 우리의 무관심 속에서 좁아지고 있다.

위원장은 대화의 끝에 이렇게 말했다. "우리 손녀도 언젠가 비행기의 제대로 된 옆모습을 그릴 수 있을까요? 아니, 위에서 내려다 보는 풍경까지도 그릴 수 있을까요? 그날이 오면… 우리 동네의 하늘도 달라져 있겠지요."

나는 선뜻 대답하지 못했다. 대신 조용히 고개를 끄덕였다.

아이들이 더 이상 비행기의 아랫면만을 그리지 않게 되고, 학교에서도 비행기 소음 때문에 수업이 중단되는 일이 없게 되는 그날. 그날은 이 지역의 환경이 변화했음을 의미한다. 아이들이 하늘을 굉음이 가득한 공간으로 인식하지 않고, 그 속에서 자유로운 꿈을 꿀 수 있는 세상으로 바라볼 수 있도록, 그것이 지금 우리가 만들어야 할 세상이다. 이 지역의 하늘은 비행기 소음 이슈를 어떻게 해결할 것인가 대책을 마련하는 단순한 문제가 아니라, 국가가 책임지고 해결해야 할 사회적 문제다. 그리고 미래

 공항을 계획하며, 미래를 고민하다

세대가 건강하게 자라날 수 있도록 투자해야 할 가치다. 정부는 소음대책 지역 아이들의 교육과 생활 환경을 획기적으로 개선해야 한다. 단순한 방음창 지원이나 냉방기 설치를 넘어, 아이들이 평등한 교육 환경에서 성장할 수 있도록 해야 한다. 그것이 우리 사회가 이들에게 할 수 있는 최소한의 예의다.

나는 위원장님의 손녀가 언젠가 하늘을 자유롭게 그릴 수 있기를 바란다. 그 그림 속에 푸른 하늘과 반짝이는 날개가 함께 담기기를. 아이들이 굉음 아래가 아닌 평온한 하늘 아래에서 꿈을 꾸는 날, 이 땅의 소음대책 지역은 더 이상 '대책지역'이라 불리지 않을 것이다.

3장 — 숫자가 닿지 못하는 곳에 '사람'이 있다
(효율과 기술보다 앞서야 할 공존의 가치)

나는 늘 공항을 바라보며 묻는다. 이 거대한 공간은 누구를 위해 존재하는가. 누구의 이익을 위해 지어지고, 운영되며, 유지되는가. 표면적으로는 명확하다. 공항은 우리 국민 모두의 것이다. 하지만 실제로 들여다보면 답은 훨씬 복잡하다. 국가의 위상, 지역의 개발, 항공사의 이해, 그리고 지역 주민의 삶이 서로 공항을 둘러싸고 얽혀 있다. 그래서 공항은 늘 충돌의 현장이 된다. 그 충돌은 단순히 돈과 효율의 문제가 아니라, 누구의 목소리가 더 크게 반영되느냐의 문제이기도 하다.

나는 먼저 국가의 목소리를 떠올린다. 정부는 언제나 공항을 '국가 경쟁력의 상징'으로 설명한다. 인천공항이 개장했을 때, 제2터미널이 문을 열었을 때를 돌이켜보면, 정부의 목소리는 비슷했다. '대한민국의 얼굴', '세계와 연결되는 관문', '허브 공항으로서의 위상 강화' 이런 문장들은 국민들에게 자부심을 불러일으켰고, 공항을 국가 전략상 발전시켜야 하는 자산으로 보았다. 공항은 곧 외교의 무대였고, 국제 경쟁력의 지표였다.

그러나 이때 지역 주민의 현실은 다르다. 지역 주민에게 공항은 삶의

     공항을 계획하며, 미래를 고민하다

소음이었고, 공항 주변지역 주민분들이 모이는 회의장에선 "우리들은 우리 고향에서 예전처럼 살기를 원한다.", "우리가 겪는 피해를 보상해 달라."라는 목소리가 늘 더 컸다. 그러나 정부는 '국가적 이익'을 중요하게 생각했다. 영남권 신공항의 경우를 살펴보면, 가덕도에 공항을 새로 짓느냐, 밀양에 짓느냐. 논의의 중심에는 '국가 물류를 위한 지역 허브'라는 전략이 크게 중요시되었고, 그 과정에서 주민의 삶은 우선순위에서 밀렸다.

지방자치단체가 공항을 바라보는 시선은 조금 다르다. 부산과 경남, 경북, 대구 지역은 공항이 미래 지역 성장을 이끌 핵심 인프라이고, 공항이 들어서면 관련 산업이 활성화되고 일자리가 생기고 인구가 몰려들어 지역을 살릴 수 있는 마지막 보루라고 생각되어진다. 나는 회의장에서 본 지자체 분들의 얼굴을 기억한다. "공항은 지역 균형 발전을 위해 반드시 필요하다." 그 말은 진심이었지만, 동시에 정치적 구호이기도 했다. 주민들이 바라는 건 편리한 이동과 생활의 안전망이었는데, 지자체가 중요하게 생각하는 것은 대규모 개발과 투자 유치였다. 공항이 지역을 살릴 수 있을 것이라는 희망에서이다.

항공사의 시선은 또 다르다. 항공사에게 공항은 생존의 무대다. 대한항공과 아시아나, 그리고 저비용 항공사들은 공항에 비행기를 출도착 시킬 수 있는 시간대인 슬롯을 확보하거나 항공편의 선호 시간대를 두고 늘 경쟁했고, 공항 터미널 내에서의 카운터 배치와 각 항공사별 탑승교 배분 기준에도 민감했다. 승객들이 다들 버스를 타고 이동해야 하는 원격 주기장보다는 탑승교를 이용해서 쉽게 비행기를 탈 수 있는 것을 선호하기 때문에, 이것이 곧 항공사의 위상을 결정하는 변수로 인식되었다. 나는 그 과정에서 늘 느꼈다. 항공사에게 승객은 고객이면서도 동시에 수치였다.

승객의 탑승률, 환승 승객수, 점유율. 모든 항공사의 활동은 숫자로 환산된다. 그리고, 공항은 그 숫자를 맞추기 위한 공간으로 기능한다. 승객의 편리함이 물론 중요하지만, 더 중요한 것은 '얼마나 많은 비행기를 띄울 수 있느냐', '얼마나 많은 승객을 수송하느냐'였다.

이렇게 보면 공항은 언제나 여러 이해관계자의 목소리가 충돌하는 공간이었다. 국가의 미래 전략, 지자체의 개발 요청, 항공사의 이익. 이 세 주체가 만나면서 빚어내는 장면은 모순적이다. 국가가 중요시하는 논리와 주민들의 살아가는 현실은 달랐고, 지자체의 기대와 주민들이 느끼는 편리성은 차이가 있었다. 항공사의 논리와 이용객의 체감은 전혀 달랐다. 공항에서 제일 중요한 주체가 누구인가 단정하기는 어려웠다. 다양한 이해관계자들의 요구가 얽힌 채, 늘 논쟁 속에서 존재하는 것이다. 국가도, 지자체도, 항공사도, 모두가 공항의 이해관계자이면서, 그 다원성은 공존보다는 충돌로 드러나는 경우가 많다.

이런 공항을 바라보면서 또 다른 질문을 던져본다. 그렇다면 공항은 진정으로 '사람'을 위한 공간인가? 매일 소음을 견디는 주민, 비행기를 타는 승객, 공항에서 일하는 노동자들. 그들의 목소리가 반영되어지는 순간, 비로소 공항은 사람의 공항이 될 것이다. 공항을 둘러싼 국가와 지자체, 항공사의 목소리를 살펴보면, 어느 것도 거짓은 아니지만 완전한 진실도 아니다. 국가 차원의 전략이 필요하고, 지자체의 개발 논리도 의미가 있다. 항공사의 이해관계 역시 현실이다. 그러나 정작 공항에서 제일 중요한 대상은 그 공간을 살아가는 사람들이라는 사실이 중요하다.

나는 공항 도착층에서 본 풍경을 아직도 잊지 못한다. 문이 열리고 아이를 품에 안은 젊은 아버지가 나오자, 기다리던 할머니가 눈물을 터뜨

 공항을 계획하며, 미래를 고민하다

리며 손자를 안았다. 그 순간 공항은 국가도, 항공사도 아닌, 단지 가족의 기쁨을 담는 무대였다. 출국장 앞에서는 서로 손을 잡은 연인이 끝내 발걸음을 떼지 못했다. 공항이란 결국 이런 사람들의 이야기로 완성되는 곳이었다.

그러나 공항이 사람들의 기억을 품는 동시에, 때로는 삶을 위협하는 존재로 인식되기도 한다. 나는 김해공항 인근 마을에서 만난 주민들의 목소리를 기억한다. 비행기가 머리 위를 지날 때마다 대화가 끊기고, 아이들은 공부에 집중하지 못한다. 한 어르신은 "내가 사는 집은 늘 비행기의 그림자와 소음 속에 있다."라고 말씀하시며, 소음 피해 보상금은 큰 도움이 안 된다고 하셨다. 주민들은 수십 년간 공항 곁에 살았지만, '공항의 주인'이라는 자부심보다는 '공항의 피해자'라는 무게를 더 크게 느끼고 있었다. 제주 제2공항 논의 과정에서도 여러 의견들이 논의되었다. 국토부는 경제성과 현재 제주공항의 수용 능력 한계를 근거로 필요성을 강조했고, 제주도는 관광객 증가와 지역 산업 발전을 명분으로 삼았다. 하지만 성산읍 주민 중 일부는 "고향이 파괴된다."며 반대했다. 주민 설명회는 소란으로 끝나기도 했다. 그 속에서 나는 질문했다. 제주에 새로운 공항은 꼭 필요한데, 이 주민들에게는 무엇을 해드려야 하는지, 우리가 이 분들의 희생을 충분히 보상해 드릴 수 있을까. 승객 입장에서 공항은 편리해야 한다. 하지만 실제 경험은 그렇지 않은 경우도 많다. 셀프 체크인은 빠르지만 어르신들에게는 벽이었다. 보안 검색은 강화되었고 편리해졌지만, 여전히 장애인 승객에게는 불편함이 남아 있다. 면세점은 화려했지만, 주차장이 비싸고 교통 연결이 불편하다는 의견들이 많다. 공항을 '시민의 공간'으로 만들려면, 이런 세세한 불편까지도 살펴야 한다.

나는 종종 '시민의 권리'라는 말을 공항에 대입해 본다. 시민은 안전할 권리가 있다. 항공사는 비용 절감을 이유로 안전을 소홀히 해서는 안된다. 또한 시민은 목소리를 낼 권리가 있다. 시민들의 진짜 목소리가 반영될 수 있도록 지금보다도 더 신경써야 한다. 공항은 누구의 것 이라고 할 수 없으며, 모두의 것이다. 하지만 가장 중요한 기준은 결국 '사람을 위한 공항인가'라는 질문이다. 대통령의 연설도, 항공사의 전략도, 지자체의 개발 논리도, 그 질문 앞에서는 잠시 멈춰야 한다. 나는 다시 도착층 풍경을 떠올린다. 아이를 안고 울던 할머니, 서로의 손을 잡은 연인, 출장에서 돌아온 이를 맞던 가족. 그들이야말로 공항의 주인이었다. 공항은 매일 그곳을 오가는 사람들의 삶의 터전이었다.

공항을 계획하며, 미래를 고민하다

4장 — 공항 건설과 지역의 미래에 대한 고찰
(갈등의 현장을 지키며 깨달은 것들)

공항을 새로 짓는다는 말은 언제나 사람들의 상상력을 자극한다. 넓게 펼쳐진 지역에 활주로가 생기고, 거대한 건물이 들어서며, 외지 사람들이 몰려들 것이라는 기대. 동시에 산과 바다, 숲과 갯벌이 사라지며, 오래 지켜온 삶터가 흔들릴지도 모른다는 두려움. 그래서 공항 건설은 단순한 토목 공사나 시설 확충이 아니다. 그것은 지역의 미래와 삶의 방향을 묻는 질문이자, 우리 사회가 어떤 기준으로 공간과 삶을 재편할 것인가를 드러내는 장면이다.

나는 제주 제2공항 논의를 떠올린다. 2015년 성산읍이 예정지로 발표됐을 때, 지역 주민들은 곧장 둘로 갈라졌다. 정부는 기존 제주공항의 포화와 안전, 장래 수요를 근거로 "제2공항이 상대적으로 소음피해지역 주민 수도 적고, 환경 훼손 규모, 비용 측면에서 가장 유리하다."고 설명했다. 그러나 예고된 미래보다 당장의 삶이 더 간절한 사람들에게 이 말은 귀에 잘 들리지 않았다. 성산읍 일부 주민들은 "삶터를 송두리째 잃게 된다. 숨골과 동굴, 보호종 생물에 대한 피해가 클 것이다."라며 반대 대책

위원회를 꾸렸고, 일부 시민사회는 입지 선정 기준과 수요 예측, 환경성 검토의 부실을 지적했다. 반면에 다른 일부 시민들은 "제주시 지역과 서 귀포 서측에 집중되었던 제주 개발 기조가 이제는 낙후된 동측을 신경쓰는 방향으로 바뀌어야 한다."라며 지지를 선언했다. 같은 성산읍에서도 찬반 단체가 나뉘어 깃발을 들었다. 언론은 그때부터 이 사업을 '갈등의 사건'으로 기록하기 시작했다.

2021년엔 이 갈등이 제도권으로 올라왔다. 제주도와 도의회가 합의해 '공론형 여론조사'를 실시했고, 전체 도민 조사에서는 반대가 우세하게 조사되었다. 반면 예정지인 성산읍은 찬성 여론이 높았다. "도민 뜻을 충실히 반영하겠다."는 지역과 정부의 약속하에서 사업은 계속 검토되고 있다. 하지만, 많은 관계자들이 이야기 하던 도민의 자기 결정권이 행정 절차에 어떻게 녹아들지는 여전히 논쟁이다. 환경부와의 줄다리기도 본격화됐다. 환경부는 2021년 전략환경영향평가 '반려' 결정을 내렸다. 조류 충돌 위험과 서식지 보전, 항공기 소음 평가의 미흡, 법정보호종의 영향, 용암동굴 숨골의 보전가치 등 사유가 제시되었다. 국토교통부는 보완 용역을 거쳐 자료를 다시 제출했고, 2023년 환경부에서 조건부 동의 결론을 내려주었다. 하지만 주민과 시민사회는 "도민 반대와 환경 파괴 우려에 대한 지적이 검토 단계에서 제대로 반영되었나?"라고 물었고, 정부는 "법정 절차를 지켜 환경 영향에 미치는 현황을 상세히 조사했고 피해 저감방안이나 대체 서식지 등을 마련했다." 답했다. 서로의 의견이 잘못된 것은 아니지만, 서로를 설득하지는 못했다.

개발의 방향에 대한 지역의 분위기도 계속 유동적이다. 당시 일부 기사들에서는 "제2공항 사업이 다시 속도를 낸다."는 보도가 있었고, 도지사

   공항을 계획하며, 미래를 고민하다

의 메시지에서는 "이제 제주도의 시간"이란 표현이 사용되었다. 일부 시민분들은 "도민 공론조사 결과가 행정에 반영되지 않았다."고 지적했다. 한쪽은 '숙원사업'이라 부르고, 다른 한쪽은 '절차에 대해 불신한다'고 말한다. 공항이라는 하나의 단어가 이렇게 다른 방향을 가리킨다면, 이제 공항 건설은 현실 문제라기 보다는 철학이 된다.

영남권 신공항의 경우에서도 정치와 행정, 정부와 지역, 시민과의 간극을 보여 준다. 2016년 정부는 프랑스 파리공항공단 ADPi 엔지니어링의 용역을 거쳐 '김해신공항 확장'으로 가닥을 잡았다. 그러나 2020년 총리실 산하 검증위는 '근본적 재검토가 필요하다.'는 결론을 내렸다. 사실상 백지화였다. '이미 결론 났던 국책사업을 변경하는 것'에 대한 비판과 '안전·절차 문제를 바로잡는 것'이라는 찬성 의견이 충돌했다. 부산은 가덕도공항을 다시 제시했고, '부산시민이 해냈다.'는 플랜카드가 등장했다. 다음 해 국회는 '가덕도신공항 특별법'을 통과시켰다. 일반 절차를 단축하고 행정·재정 지원을 보장하는 법이었다.

정부는 공항 배치를 '육상+해상' 복합(안)으로 잡고, 공사 기간 단축 방안까지 제시했다. 2030년 이전 개항이라는 목표가 덧붙었다. 수도권 일부 언론은 '불가론'을 내세웠고, 공항 건설을 반대하는 시민단체는 기본계획·전략환경영향평가의 속도전에 의문을 제기했다. 김해신공항 확장에서 가덕도신공항 건설로의 변경은 정치적인 이슈와 지역사회 여론이 만들어갔고, 그 길 위에 다시 행정적인 절차와 환경의 검증이라는 또 다른 이슈들이 논의되게 되었다. 공항은 늘 다층의 시간을 산다.

울릉공항은 또 다르다. 이곳에서 공항은 거창한 허브 전략이 아니라 '살기 위한 길'에 가깝다. 겨울 바다에 배가 끊기면 섬은 한 달 넘게 고립된다. 헬기가 못 뜨는 밤이면 경비함으로 56시간을 달려 환자를 육지로 옮긴다. 이송 중 숨진 사례가 있다는 이야기가 언론 기사에서도 반복되었다. 주민들에게 공항은 관광객 유입과 지역경제의 기대이기도 하지만, 그보다 먼저 응급의학의 생명줄이다. 정부는 2020년 착공을 알리며 2025년 개항 목표를 밝혔다. "서울에서 울릉까지 7시간이 1시간으로 줄어든다."는 문장이 보도자료 첫머리에 실렸다. 진행 과정에서 환경영향평가 논란도 있었지만, 섬에서의 고립과 응급 이송의 현실을 체감하는 주민 입장에서는 '하늘길은 곧 생존권'이라는 말이 쉽게 사라지지 않는다. 울릉공항 건설은 산을 깎고 바다를 메우는 일이다. 울릉공항은 케이슨을 육지에서 제작해 이동시켜 설치하고 육지와의 사이를 메워 1,200m 활주로를 놓는 방식이다. '바다 위에 활주로'라는 표현은 상징적으로 멋있어 보이지만, 동시에 생태와 경관의 변화를 의미한다. 환경부는 울릉공항 전략환경영향평가 협의 과정에서 여러 가지 환경 보전 대책을 조건으로 달았다. 공사가 진행되는 동안 조류 충돌 저감 대책, 생태학적 정밀 조사, 보전 계획 요구도 언론의 주요 논쟁거리였다.

흑산공항은 더 복잡하다. 흑산도는 다도해 해상 국립공원에 포함되어 있어 환경적인 논란이 사업 초기부터 제기되었다. 국립공원위원회는 2018년 안건을 보류했고, 사업 규모, 공유수면 매립 면적 등에 대한 적정성이 지속적으로 논의되었다. 2023년 국립공원구역 해제 이후에도 취항 기종 변경, 경제성, 환경성 논란이 이어졌다. 흑산도에 사는 주민들은 말한다. "여객선만으론 계절마다 섬이 고립된다. 응급환자 이송이 정말 어렵다." 통계를 살펴보면 연평균 100일 넘게 해상을 통한 여객선 운항이 멈춘다고 한다. 환경단체와 전문가들은 "철새 도래지 한복판, 조류 충돌 위험과 생태계에 미치는 영향이 크다.”고 맞섰다. ‘응급 이송’ 논리의 현실성에 대해서도 엇갈렸다. 소형 여객기로는 의료 장비를 갖추기 어렵고, 활주로·운영시간 제약 탓에 닥터 헬기와의 역할 분담을 별도로 고민해야 한다는 지적도 있었다. 흑산도 사업은 아직 결론에 도달하지 못하고 있다. 사업비 증가에 따른 타당성 재조사로 인해 언론들은 ‘사업추진 지연’과 ‘좌초 가능성’을 언급한다.

이처럼 공항 건설에 대한 다양한 명분이 보인다. 제주에선 시설능력의 포화와 안전, 울릉·흑산에선 이동권과 응급구호, 영남권에선 허브 경쟁력과 지역 균형. 하지만 그 명분이 주민의 일상생활과 맞물릴 때, 갈등은 더 복잡해진다. 제주 성산읍 주민 다수가 찬성이라 해도, 도민 일부와 환경단체들은 반대한다는 정치적 고민. 김해에서 가덕도로 공항 위치가 바뀌는 사이 행정 절차와 안전 검증이 남긴 숙제. 울릉도 바다의 파도와 흑산도 겨울바람이 가지고 오는 섬 주민들의 고립. 어느 것 하나 거짓 명분이라 보기는 어렵다. 다만 각자의 진실이 서로 부딪힐 뿐이다.

그렇다면 우리는 무엇을 기준으로 결정을 내려야 할까. ‘국가 경쟁력’이라는 구호는 설득력이 있다. 그러나 그 말이 주민의 집과 들판, 새들의 길을 무시해서는 안된다. ‘주민의 이동권’이라는 주장도 절실하다. 그러나 그것이 생태계와 안전을 간과해도 된다는 면허는 아니다. 공항 건설은 ‘둘 중 하나’를 선택하는 문제가 아니다. 절차의 투명성, 정보의 대칭, 피해의 정당한 보상, 대안의 성실한 검토, 그리고 무엇보다 시간을 들여 서로의 언어를 이해하는 일이 필요하다. 여론조사를 하면 반대가 많을 수도 있다. 그럴 땐 멈추고 더 설명하여야 한다. 반대로 찬성이 많다면, 반대의 근거를 체계적으로 검증하고 최소화하는 경로를 제시해야 한다. 나리타

의 사례가 말해주듯, 절차를 서둘렀던 공항은 오히려 더 긴 시간이 소요
되기도 한다. 우리는 이미 충분히 배웠다.

공항을 건설하려는 계획 뒤에는 언제나 화려한 미래의 약속이 함께한
다. "지역의 경제가 살아날 것이다. 일자리가 늘 것이다. 국제 경쟁력이
커질 것이다." 하지만 그 약속이 현실에서 어떻게 구현되는지, 그리고 그
이익이 누구에게 돌아가는지는 늘 불투명하다. 때로는 공항이 지역의 활
력을 불어넣지만, 다른 한편으로는 외부 자본과 대기업에게 큰 이익이 돌
아가고, 주민들에게 남는 것은 소음과 빚뿐인 경우도 있었다.

공항도시론이라는 개념은 이 문제를 극적으로 보여 준다. 미국의 존 카
사다 교수는 '미래의 도시는 공항을 중심으로 재편된다'고 설명했다. 그는
세계 주요 공항 주변에서 나타난 물류단지, 첨단산업단지, 국제회의·관
광 복합시설들을 근거로 들어, 공항이 단순한 교통 인프라가 아니라 신도
시 건설의 엔진이라고 설명했다. 실제로 두바이, 홍콩 첵랍콕, 암스테르
담 스키폴 공항은 단순한 활주로가 아니라 거대한 경제권역을 창출했다.
스키폴 주변에는 수십만 명이 종사하는 물류·항공·금융 산업이 밀집했
고, 홍콩 첵랍콕은 란타우섬을 글로벌 허브로 바꾸어 놓았다.

이 이론은 매혹적이다. 그러나 다른 시선에서 보면 공항 도시는 지역을
'발전'시키는 대신 '종속'시키는 위험을 안고 있다. 공항이 중심이 되면, 지
역의 경제는 하늘길에 예속된다. 만약 항공 수요가 줄거나, 다른 허브공
항이 부상하면, 그 도시는 갑자기 기초를 잃고 흔들린다. 또 개발 이익은
지역에 남기보다는 다국적 물류기업과 중앙정부, 대기업 건설사에 국한
되는 경우도 많다. 지역 주민은 일자리와 편익을 얻기도 하지만, 동시에
땅값 상승과 생활비 부담, 전통적 삶터의 상실이라는 대가를 치른다.

　　　　　　　　　　　　공항을 계획하며, 미래를 고민하다

나는 영남권 신공항 논쟁을 지켜보며 이 양면성을 생각했다. 부산은 가덕도 신공항을 '부산의 100년 미래'라 불렀지만, 실제로 그 미래의 과실이 얼마나 부산 시민에게 돌아갈지는 불확실하다. 제주 제2공항도 마찬가지다. 관광객이 늘어나면 식당과 숙박업은 호황을 누릴 수 있다. 하지만 이미 포화 상태인 교통, 쓰레기, 지하수 자원은 더 빠르게 고갈된다. 울릉과 흑산에 공항이 생긴다 해도, 응급환자 수송과 관광객 증가라는 기대 뒤에는 섬 생태계와 공동체의 부담이 따라붙는다. 또한 이제 공항 건설은 더 이상 경제 논리만으로 설명되지 않는다. 우리는 탄소중립과 기후 위기의 시대에 살고 있다. 항공산업은 전 세계 온실가스 배출의 약 2~3%를 차지한다. 친환경 항공기, 전기·수소 추진체가 실험 단계에 있지만, 상용화까지는 아직 거리가 멀다.

이 시점에 우리에게 필요한 것은 경제와 환경, 편익과 윤리 사이의 새로운 균형점이다. 단순히 공항을 짓느냐 마느냐의 문제가 아니라, '인간의 삶'에 대한 관점에서 어떤 공항을 지을 것이며, 어떤 원칙으로 운영할 것인가의 문제다. 소음을 줄이는 설계, 환경 훼손을 최소화하는 부지 선택, 주민 의견을 정직하게 반영하는 절차, 탄소 배출 저감을 위한 기술 투자. 이런 조건이 충족되지 않는다면, 공항 건설은 지역의 미래를 담보하기보다 저해할 수 있게 된다.

공항 건설을 둘러싼 갈등이 반복되는 이유도 마찬가지다. 경제적 편익을 계산하는 숫자와 수치로는 인간의 삶에 대한 질과 기억, 공동체의 가치를 담아낼 수 없기 때문이다. 제주에서 '우리 마을이 사라진다.'는 주민의 절규는 경제성 분석표에 들어갈 수 없다. 흑산의 바다 위를 날던 철새 떼의 궤적은 손익계산서의 숫자가 되지 않는다. 울릉에서 배가 끊겨 응급환자를 실어 나르던 경비정의 엔진 소리는 '시간 단축 효과'라는 차트에 적히지 않는다.

그래서 우리는 결론을 쉽게 내리지 못한다. 공항은 꼭 필요한 시설이다. 이동권은 권리이고, 국제 연결망은 국가와 지역의 생존 전략이다. 그러나 공항은 동시에 많은 고민 사항을 가지고 있다. 개발은 미래 세대의 환경을 잠식하고, 불균형한 성장 모델은 지역 주민의 삶을 왜곡한다. 결국 중요한 것은 선택의 철학이다. 어떤 공항을 지을 것인가. 누구의 목소리를 먼저 들을 것인가. 어떤 미래를 우리 아이들에게 남길 것인가. 공항은 국가와 지역의 발전을 위한 시설이면서, 동시에 인간의 삶의 가치에 대한 선택의 문제다.

나는 이 글을 끝내며 여러 가지 질문들을 고민한다. 우리는 어떤 공항을 원하는가. 지역을 살리는 공항인가, 아니면 지역을 잠식하는 공항인가. 환경친화적인 공항인가, 아니면 지역 주민보다는 경제적 이익에 모든 것을 거는 공항인가. 공항을 건설한다는 것은 단순히 비행기를 띄우는 일이 아니라, 우리가 어떤 사회를 지향하는지 선언하는 일이다. 그 선언에 담길 답은, 결국 우리 모두의 몫이다.

 공항을 계획하며, 미래를 고민하다

5장 — 다음 세대의 하늘을 빌려 쓰다
(기후 위기 시대, 지속가능한 하늘을 위하여)

　환경에 대한 관심과 기후 위기에 대한 논의가 계속되는 현시점에서 항공기 또한 기후 위기의 한 원인으로 거론된다. 공항은 도시의 관문으로서 큰 역할을 하고 있지만, 동시에 지구 환경을 압박하는 고민거리이다. 그러므로 '지속가능한 하늘'은 더 이상 비유적 표현이 아니다. 우리가 다음 세대에게 넘겨줄 수 있는 하늘이 과연 얼마나 남아 있게 될지를 묻는 질문이다. 공항은 이 질문 앞에서 자유로울 수 없다.

　공항은 현대 문명의 꽃이다. 철도와 항만이 국가 산업을 뒷받침하던 시대가 있었다면, 이제는 하늘길이 세계를 연결한다. 그러나 문명의 꽃은 언제나 그림자를 드리운다. 항공산업은 전 세계 이산화탄소 배출량의 약 2~3%를 차지한다. 단순한 수치처럼 보이지만, 그 안에는 심각한 문제가 숨어 있다. 탄소 배출량은 급증하는데 기술 혁신은 아직 충분히 따라오지 못한다는 사실이다. 자동차나 발전소는 대체 에너지로 서서히 옮겨가지만, 항공은 여전히 화석연료의 족쇄에서 벗어나지 못하고 있다. 각국 정부와 국제기구는 이 문제를 오래전부터 의식했다. 국제민간항공기구(ICAO)는 2050년까지 탄소중립을 달성하겠다는 비전을 내놓았다. 유럽연합은 2030년까지 항공연료에 일정 비율 이상의 지속 가능 항공연료(SAF, Sustainable Aviation Fuel)를 의무적으로 포함하도록 규정하고 있다. 인천공항도 '넷 제로(Net Zero)' 목표를 선언하며 태양광 발전과 전기차 충전 인프라를 확충하고 있다. 하지만 이런 계획들이 실제로 얼마나 실효성을 가질 수 있을지는 여전히 물음표다. '탄소중립'이라는 단어는 정치적으로는 매혹적이지만, 공항의 현실에서는 구호와 실행 사이에 긴 거리가 남아 있다.

나는 공항 입구를 들어서며 이런 생각을 한다. 화려한 면세점과 반짝이는 유리창 사이로, 우리 눈에 보이지 않는 이산화탄소가 가득 채우고 있다는 사실을 인식한다. 활주로 위로 날아오르는 거대한 항공기의 장엄한 순간은 보는 이의 가슴을 뛰게 하지만, 동시에 지구의 대기권에 무겁게 남는 흔적이기도 하다.

공항의 지속가능성은 이 장엄함의 이면을 직시하는 것에서 시작된다. 그러나 문제를 확인하는 것만으로는 부족하다. 우리는 새로운 기술과 방식으로 이 문제를 돌파해야 한다. 전기 항공기와 수소 항공기 연구는 이미 활발히 진행되고 있다. 유럽에서는 상용화된 전기 항공기를 출시해서 운영되고 있고, 유럽의 주요 항공사들은 SAF 공급망을 구축하기 위해 막대한 투자를 하고 있다. 인천공항 역시 '그린 뉴딜 공항'을 표방하며 수소 연료전지 버스와 태양광 발전 단지를 운영하고 있다. 이 모든 시도가 아직은 초기 단계이고, 경제성 측면에서도 갈 길이 멀지만, 그럼에도 불구하고 공항이 지속가능성을 위해 움직이기 시작했다는 점은 분명한 변화다.

     공항을 계획하며, 미래를 고민하다

환경을 고려한 공항 설계 역시 중요한 요소다. 네덜란드 스키폴 공항은 에너지 효율이 높은 단열 시스템과 LED 조명을 도입해 건물의 에너지 사용을 대폭 줄였다. 핀란드 헬싱키 공항은 북유럽 특유의 친환경 건축 기술을 도입해 운영 에너지의 상당 부분을 신재생 에너지로 공급하고 있다. 오슬로 공항은 지속가능 건축 인증을 받으며 '세계 최초의 탄소중립 공항'을 표방했다. 이런 사례들은 단순한 이미지 전략이 아니라, 실제로 비용 절감과 운영 효율로 이어지고 있다. 공항이 더 친환경적으로 설계될수록, 그것은 단지 환경을 살리는 일이 아니라 경제적 합리성을 강화하는 일이기도 하다.

그러나 아무리 기술과 설계가 발전해도, 결국 중요한 것은 인간의 선택이다. 공항은 단순히 비행기를 띄우는 장소가 아니라, 우리가 어떤 방식으로 세계와 연결될 것인가를 결정하는 상징적 공간이다. 오늘 우리가 내리는 결정이 미래 세대가 마주할 하늘의 모습을 결정한다. "더 많은 공항을 건설하여야 한다."는 목소리와 "이제는 공항을 건설하지 않아도 된다."는 목소리가 공존하는 이유는, 공항이 단순히 경제 논리만으로 설명되지 않기 때문이다.

나는 공항을 고민하며 늘 두 개의 장면을 동시에 떠올린다. 하나는 새 활주로와 터미널을 건설하여 많은 항공기가 줄지어 착륙하고 이륙하는 장면이다. 지역 경제가 살아나고, 새로운 일자리가 생기고, 관광객이 몰려든다. 다른 하나는 푸른 바다 위를 날던 철새 무리는 더 이상 보이지 않고, 소음에 잠 못 이루는 주민들의 얼굴이다. 지속가능성이란 이 두 장면 사이에서 균형을 찾는 일이다. 한쪽만 택하면 다른 쪽이 무너진다. 양쪽을 동시에 바라보며 절충점을 찾아야 한다.

철학자 한나 아렌트는 인간을 '행동하는 존재'라고 말했다. 우리는 늘 선택을 통해 세상을 바꿔왔다. 공항의 지속가능성도 선택의 문제다. 기술에만 맡길 수도 없고, 개발 논리에만 맡길 수도 없다. 사회 전체가 공항의 존재 방식에 대해 성찰하고, 합의하고, 새로운 원칙을 세워야 한다. 절차의 투명성, 주민과의 소통, 피해에 대한 정당한 보상, 그리고 무엇보다 기후 위기를 고려한 정책적 선택. 이것이 없다면 '지속가능한 하늘'은 단지 뜬구름에 불과하다. 공항이 지속가능해야 하는 이유는 단순히 환경문제 때문만은 아니다. 하늘을 지키는 일은 곧 사람의 삶을 지키는 일이기도 하다. 공항은 거대한 활주로와 터미널로 이루어져 있지만, 결국 그 주변에서 매일 살아가는 이들의 삶과 맞닿아 있다. 기술적 혁신과 탄소 저감 대책이 아무리 훌륭하다 해도, 주민의 목소리가 배제된다면 그 공항은 지속가능할 수 없다.

나는 소음 문제로 분쟁이 끊이지 않았던 김포공항 인근 마을을 떠올린다. 주민들은 집값 하락과 건강 피해를 호소하며 수십 년 동안 보상을 요구해 왔다. 정부와 지자체는 방음창 설치와 이주 대책으로 대응했지만, 많은 주민들은 여전히 충분하지 않다고 말한다. 소음이라는 것은 단순히 소음 데시벨의 문제가 아니다. 삶의 질, 인간다운 생활의 문제다. 아이가 공부하다가, 노인이 대화를 나누다 말고, 갑자기 하늘에서 떨어지는 굉음에 고개를 떨구는 순간들이 계속 쌓이면, 그건 이미 통계로 환산할 수 없는 고통이 된다.

공항이 지속가능하려면 이 고통을 인정하고 줄이는 노력을 하여야 한다. 주민과의 공존은 보상금을 일정 금액 주는 것으로 해결되지 않는다. 필요한 것은 소통과 신뢰다. 주민 설명회는 절차적 요식행위가 아니라 진정한 대화의 장이어야 한다. 반대 의견을 '개발 반대론자'로 거론하는 순간, 공항은 지역사회와 등을 지게 된다. 여러 지역에서 공항 건설을 둘러싼 논쟁이 거세진 것도, 행정과 주민 사이의 소통이 제대로 작동하지 않았기 때문이다. 행정은 보고서와 계획을 말하지만, 주민은 매일의 삶과 불안을 말한다. 두 언어가 만나지 못하면, 갈등은 끝내 상처만 남긴다.

또 하나 중요한 것은 취약계층을 향한 배려다. 공항은 누구에게나 열려 있어야 한다. 하지만 실제로는 그렇지 않다. 노인은 셀프 체크인 기계를 다루지 못해서 줄에서 더 오래 기다리고, 장애인은 보안 검색에서 큰 불편을 겪는다. 아이와 함께 여행하는 부모는 유모차와 많은 가방들로 수화물 규정 앞에서 고민거리가 생긴다. 공항이 지속가능하다는 말은 이런 불편을 줄이고, 모든 이가 좀 더 평등하게 편하게 공항을 이용할 수 있도록 만드는 것과 같다. 보편적 접근성은 지속가능성의 사회적 토대다.

미래 세대의 권리 역시 간과할 수 없다. 지금의 공항 건설은 수십 년을 내다보는 선택이다. 우리가 쉽게 내리는 결정이 앞으로 태어날 세대의 삶을 구속할 수 있다. 활주로 하나가 들어서면, 그 땅은 수십 년간 아니 더 긴 세월동안 다른 방식으로 사용할 수 없다. 소음과 환경 부담은 미래 세대가 안게 된다. 그래서 공항 건설은 언제나 세대 간 형평성을 고려해야 한다. "지금 우리에게 편리한 시설이니 건설하자."는 단순한 논리는 무책임하다. "앞으로도 가능할까?"라는 질문이 항상 따라야 한다.

나는 인천공항 제2터미널 개장을 준비하던 때 봤던 한 장면을 떠올린다. 이른 새벽 항공편의 승객을 맞으러 나온 이들 중에는 아이 손을 잡은 부모도 있었다. 아이는 하품을 하면서도 활주로 위 비행기를 작은 손으로 가리키며 눈을 반짝였다. 그 눈빛을 떠올리면, 공항이란 결국 미래 세대를 위한 약속이기도 하다는 생각이 든다. 아이가 자라 어른이 되었을 때, 그 하늘이 여전히 푸르르고 안전하며, 공항이 여전히 모두에게 열려 있기를 바라는 마음. 이것이야말로 지속가능한 하늘을 고민해야 하는 진짜 이유다.

결국 지속가능성이란 환경과 사회, 미래라는 세 가지 요소의 균형이다. 환경만 지키고 사람을 외면하면 공항은 삶터와 단절된다. 사람만 챙기고 미래를 외면하면, 결국 다음 세대가 대가를 치른다. 미래만 생각하다가 현재의 필요를 무시해도 불공정하다. 세 가지를 동시에 붙잡으려는 노력, 그 어려운 과제를 감당하려는 자세가 필요하다.

나는 이렇게 말하고 싶다. 공항은 단순한 교통시설이 아니다. 그것은 한 지역 사회의 미래를 설계하는 선택이며, 하늘길을 시작하고 관리하는 우리들의 약속이다. 지속가능한 하늘은 기술의 문제가 아니라, 결국 인간의 문제다. 우리가 서로의 목소리를 듣고, 불편을 나누며, 책임을 분담할 때만 공항은 미래를 향해 열릴 수 있다.

 공항을 계획하며, 미래를 고민하다

BIOFUEL

6장 — 미래의 공항, 미래의 나
(변화하는 기술 속에서도 변치 않을 온기)

　시간을 거슬러 올라가 보면, 공항은 언제나 미래의 상징이었다. 20세기 초, 라이트 형제가 플라이어를 띄우던 순간 사람들은 인류의 운명이 달라졌다고 믿었다. 활주로 위에서 비행기가 하늘로 치솟는 장면은 자유와 발전, 그리고 아직 오지 않은 세상을 약속하는 것처럼 보였다. 나는 공항이란 언제나 현재를 살면서 동시에 미래를 꿈꾸는 장소라고 생각한다. 그렇기에 공항을 바라보는 일은 결국 우리의 미래를 상상하는 일이기도 하다. 기술이 바꾸는 미래의 공항을 이야기하는 것은, 어쩌면 내 자신이 어떤 미래를 살아가게 될 것인가를 묻는 것이기도 하다.

　오늘날 우리는 자동화와 인공지능의 시대에 살고 있다. 그 흐름은 공항에서도 예외 없이 나타난다. 인천공항에 들어서면 이제 더 이상 예전처럼 긴 체크인을 위한 줄이 눈에 띄지 않는다. 셀프 체크인 기계와 자동 수하물 위탁 장치가 승객을 맞이한다. 여권을 기계에 넣고 몇 번의 터치만 거치면 탑승권이 나온다. 수하물도 개인이 스스로 태그를 붙이고 벨트에 올려놓으면 자동으로 분류되어 항공기로 옮겨진다. 예전 같으면 직원이 일

  공항을 계획하며, 미래를 고민하다

일이 확인하던 절차들이 이제는 기계와 알고리즘으로 바뀐 것이다.

싱가포르 창이공항에도 여러 가지 스마트 시스템이 설치되어 있다. 얼굴 인식 시스템을 통해 보안 검색과 출국 심사를 단축했고, AI 로봇이 청소와 안내를 맡는다. 일본 하네다 공항에서는 원격 로봇이 수하물을 운반하고, 음성 인식 안내기가 여러 가지 언어로 승객을 도와준다. 인천공항도 로봇 안내원과 AI 기반 운영 시스템을 도입하며 '스마트 공항'을 지향하고 있다. 기술은 공항의 일상을 바꾸고, 그 과정에서 승객들은 더 빠르고 편리한 경험을 누린다.

그러나 편리함만 있는 것은 아니다. 기술의 도입은 새로운 질문을 던진다. 첫째, 개인정보의 문제다. 얼굴 인식과 생체 정보를 이용한 시스템은 보안 검색 시스템의 운영 효율을 높이지만, 동시에 개인의 자유와 권리를 위협할 수 있다. 누군가가 내 얼굴을, 지문을, 홍채를 데이터베이스에 저장하고 관리한다는 사실은 불안하다. 기술은 편리와 불안을 동시에 가져온다. 둘째, 노동의 문제다. 자동화가 늘어날수록 공항에서 일하는 수많은 노동자의 자리가 줄어든다.

예전에는 체크인 카운터에서 일하던 직원들이 이제는 필요하지 않다. 수하물을 정리하던 인력이 로봇으로 대체되고, 보안 검색마저 AI가 맡게 된다면, 인간은 어디에 설 것인가. 공항은 단순히 비행기를 띄우는 장소가 아니라 수많은 사람들의 일터이기도 하다. 스마트 공항이라는 이름 아래 줄어드는 일자리, 바뀌는 노동 환경은 기술의 발전이 가리게 되는 그림자다.

도심항공교통(UAM)도 빠지지 않는 화두다. 우리는 곧 '하늘 택시'를 보게 될지도 모른다. 드론이 발전되어 사람을 태울 수 있는 소형 전기 UAM이 서울 하늘을 오가고, 공항과 도심을 잇는 새로운 교통망을 구성한다는 구상은 이미 실험 단계에 들어섰다. 인천공항은 UAM 버티포트 설계를 준비하고, 국토부는 2030년 상용화를 목표로 로드맵을 세우고 있다. 하늘길이 공항에서 도시 한복판까지 이어질 때, 우리는 공항을 지금과 전혀 다른 방식으로 경험하게 될 것이다. 하지만, 이 역시 고민이 남는다. 하늘길이 확대될수록 소음과 안전의 문제는 더욱 예민해진다. 도심 위를 오가는 UAM들이 빈번하게 움직인다면, 하늘에서의 안전 문제가 더 부각 될 것이다. 사람들은 안전 이슈가 사라질 때까지는 편리함과 심리적 불안 사이에서 고민하게 될 것이다.

나는 이런 변화를 보며 스스로에게 묻는다. 미래의 공항은 누구를 위해 어떤 모습으로 변화할까. 기술이 약속하는 편리와 속도는 매력적이다. 그 편리가 모두에게 공평하게 돌아가게 하려면 어떻게 해야 할까? 첨단 기술을 능숙하게 다루는 사람에겐 더할 나위 없는 경험이지만, 그렇지 못한 이들에겐 장벽이 될 수 있다. 노인, 장애인, 기술에 익숙하지 않은 사람들

　　　　　　　　　　공항을 계획하며, 미래를 고민하다

에게 공항은 점점 더 낯설고 어려운 공간이 될지도 모른다. 스마트 공항의 풍경은 우리가 어떤 사회를 지향하는지를 그대로 보여 준다. 공항을 '효율의 극대화'를 중심으로 설계한다면, 결국 인간이 시스템에 맞추어 가야 한다. 그러나 공항을 '인간의 삶과 관심'에 중심을 두고 설계한다면, 기술은 보조적 역할에 머물 것이다. 기술이 인간을 지배하는가, 인간이 기술을 활용하는가. 미래의 공항은 이 갈림길 위에 서 있다.

기술은 언제나 양날의 검이었다. 인터넷이 세상을 연결했지만, 동시에 사회를 분열시켰다는 시각도 있듯이, 스마트 공항도 편리와 불편, 기회와 불평등을 동시에 가져올 것이다. 그렇기에 공항의 미래를 이야기할 때 우리는 단순한 기술적 진보만을 앞세울 수는 없다. 그것이 어떤 사회적 결과를 낳을지까지도 끝까지 고민해야 한다.

나는 공항에서 보았던 수많은 얼굴들을 떠올린다. 자동화 기계 앞에서 어색하게 웃으며 도움을 청하던 노인, 휴대폰 하나로 모든 절차를 끝내며 가볍게 걸어가는 청년, 휠체어에 앉아 보안 검색대에서 한참을 대기하던 장애인. 미래의 공항은 이 얼굴들을 모두 품을 수 있어야 한다. 기술은 사람을 위한 도구이지, 사람을 가르는 경계가 되어서는 안 된다. 공항이란 결국 인간의 삶을 담는 공간이다. 활주로는 도시와 도시를 잇고, 대합실은 이별과 만남의 무대가 된다. 자동화 기계와 로봇이 이 무대의 풍경을 바꾸더라도, 그 본질은 달라지지 않는다. 사람은 여전히 공항에서 웃고 울고 기다리고 설레며, 그 감정이 공항을 의미 있게 만든다.

앞으로의 공항은 더 많은 기술을 받아들일 것이다. 그러나 그때마다 우리는 물어야 한다. 이 기술이 누구를 위한 것인가. 모두의 삶을 나아지게 하는가, 아니면 일부만을 위한 편리인가. 지속가능한 하늘을 고민했던 것처럼, 이제는 지속가능한 사람의 공항을 고민해야 한다.

기술이 아무리 발전해도 공항에서 마주하는 본질적 장면은 변하지 않는다. 나는 수많은 첨단 장비와 자동화 시스템 사이에서도 늘 도착층 유리문 앞에서 만남의 기쁜 웃음과 감격의 울음을 터뜨리는 이들을 본다. 그 눈물은 셀프 체크인 기계가 대신해 줄 수 없고, 로봇 안내원이 위로할 수 없는 인간만의 표정이다. 공항의 본질은 결국 인간의 얼굴에 있다. 사람들은 공항을 통해 만난다. 오랜 이별 끝에 다시 손을 잡고, 잠시의 헤어짐 앞에서 끝내 손을 놓지 못한다. 공항의 의자에 앉아 기다리던 아버지는 오랜 기간의 해외 근무를 마치고 돌아온 아들을 맞이하며 고개를 숙여 눈물을 훔친다. 이런 장면은 어떤 인공지능도 대체할 수 없는 풍경이다. 공항이란 결국 인간의 삶을 응축해 보여 주는 무대이기 때문이다.

나는 공항에서 일하는 사람들을 자주 떠올린다. 수하물을 정리하는 지상조업사, 활주로를 점검하는 안전 요원, 기상 정보를 분석하는 관제사, 보안 검색대를 지키는 직원들. 이들은 스마트 시스템이 도입되어도 여전히 공항을 움직이는 핵심이다. 자동화된 기계가 아무리 많아도, 위기의 순간에 공항을 지켜내는 건 결국 사람이다. 태풍 속에서도 활주로와 조업 장비들을 확인하던 제주공항의 직원들, 폭설 속에서 제설차를 밤새 운영하던 그들의 모습은 '미래의 공항'에서도 변하지 않을 것이다.

승객의 경험도 마찬가지다. 자동화는 속도를 높여 주지만, 공항을 '기억의 장소'로 만드는 건 여전히 인간적 사건들이다. 유럽에서 돌아와 인천공항에 내리자마자 부모와 재회하는 유학생, 첫 해외여행을 떠나며 들뜬 얼굴로 사진을 찍는 청년들, 긴 출장에서 돌아온 아버지를 껴안는 아이들. 이런 순간은 자동화의 효율과는 다른 가치, 인간적 기억의 가치다. 미

　　　　　　　　　　공항을 계획하며, 미래를 고민하다

래의 공항이 진정으로 지속가능하려면, 이런 순간들을 존중하고 지켜내야 한다.

　나는 가끔 상상해 본다. 완전히 자동화된 공항, 인간의 손길이 거의 사라진 공항은 어떤 모습일까. 효율적이고, 빠르고, 오류도 적을지 모른다. 그러나 동시에 삭막하고, 차갑고, 인간다운 온기가 사라진 공간이 될 수도 있다. 공항은 단순한 기계적 효율이 아니라, 인간적 만남과 감정을 담는 공간이기에 의미가 있다. 그렇지 않다면 굳이 공항이 필요할까. 온라인 회의와 가상현실이 이미 세계를 연결하고 있는데 말이다. 기술이 바꾸는 것은 형식이지만, 인간이 지켜야 하는 것은 본질이다. 미래의 공항이 어떤 모습이든, 우리는 여전히 만남을 위해, 사랑을 위해, 삶의 여정을 위해 공항을 찾을 것이다. 공항은 효율의 기계가 아니라, 인간의 이야기를 담는 그릇이어야 한다.

　그래서 나는 이렇게 마무리하고 싶다. 미래의 공항은 곧 미래의 나다. 내가 어떤 공항을 원하느냐는 곧 내가 어떤 삶을 꿈꾸느냐의 문제다. 효율만을 추구하는 공항은 차가운 사회를 보여줄 것이다. 인간의 존엄과 만남을 존중하는 공항은 따뜻한 미래를 보여줄 것이다. 우리는 지금 선택의 기로에 서 있다. 기술을 따르되 인간을 잃지 않는 길, 그것이 우리가 만들어야 할 공항의 미래이고, 곧 우리의 미래다.

공항을 계획하며, 미래를 고민하다

맺음말

— 우리가 함께 만들어갈 공항과 하늘길에 대하여

사람은 누구나 자기 삶에서 오랫동안 관심을 갖는 어떤 일을 하게 되면, 그것이 곧 자기 존재를 의미한다고 느끼게 된다. 나에게 공항은 그런 의미였다. 젊은 시절엔 그저 비행기를 타기 위해 지나치는 곳이었지만, 어느 순간부터 공항은 나의 일터가 되었고, 나의 고민이 되었다. 회의실에서 지도를 펼치고 공항 입지를 이야기하고, 소음대책지역의 주민 대표분을 만나고, 주민 설명회에서 마이크를 들고 주민들의 눈빛을 마주하던 순간, 태풍이 몰아치던 새벽 공항 현장에서 함께 땀을 흘리던 순간, 그 모든 기억이 쌓여 오늘의 나를 만들었다. 나는 묻는다. 나는 왜 이토록 공항을 고민하는가. 아마도 그 질문의 답은, 내가 살아온 시간과 함께 다시 쓰여야 할 것이다.

제주공항에서의 경험은 나에게 공항이라는 공간이 단순한 시설물이 아님을 가르쳐 주었다. 여름 휴가철, 수만 명의 관광객이 몰려 공항 터미널이 붐비고, 태풍으로 인해 며칠간 공항 운영이 중단되었던 날들. 출도착 안내판에 '결항'이라는 붉은색 글자가 줄지어 표시되고, 안내 방송이 반복될 때마다 터미널 곳곳에서 들려오던 승객들의 탄식과 항의. 그러한 순간

공항을 계획하며, 미래를 고민하다

들마다 공항은 단순히 비행기가 오가는 길목이 아니라, 수많은 사람의 일상과 감정이 뒤엉키는 살아 있는 유기체라는 사실을 체감했다. 제주 제2공항 논의가 본격화되었을 때, 나는 주민설명회에서 성산읍 주민들의 목소리를 들었다. 어떤 이는 "아이들에게 더 나은 일자리를 물려주고 싶다."고 했고, 또 다른 이는 "이 땅은 조상 대대로 지켜온 삶터인데 왜 떠나야 하느냐?"고 물었다. 나는 공항 건설이 꼭 필요하다는 입장이었지만, 그 두 목소리 사이에서 우리가 고민하여야 할 것이 많다는 것을 깨닫게 되었다. 공항은 늘 누군가에게는 기회였고, 다른 누군가에게는 상실이었다.

영남권 신공항 논의도 내 기억 속에서 지워지지 않는다. 김해공항 확장, 밀양과 가덕도 사이에서 오가던 수많은 논의들. 각 지역에서 내세우던 논리와 시민단체의 반론, 함께 후보지들을 조사하고 항공학적 검토와 경제성 등을 검토했던 ADPi의 조엘과 슈발리에. 영남권 5개 지자체와 계속했던 회의들, ADPi의 공항 연구진과 여러 차례 회의실에 앉아 도면과 자료를 보며 머리를 싸매던 순간들이 기억난다. 그러나 아무리 논리적으로 설명해도 현장의 민심은 자료와 달랐다. 부산 시민들에게 가덕도는 '백 년의 미래'였고, 대구와 경북 사람들에게는 밀양이 '지역 균형 발전의 마지막 기회'였다. 공항 논의가 기술적·경제적 타당성을 넘어 곧장 지역의 자존심과 정체성으로 번지게 되는 그 순간들이 현실이다. 그래서 공항은 정치적이고, 사회적이며, 인간적인 문제였다.

울릉공항과 흑산공항을 계획하던 때에는 더 절박한 사연들이 있었다. 한 울릉도 주민분은 배가 끊겨 한 달 이상 고립되던 기억을 들려주었다. 응급환자를 육지로 옮기지 못해 안타까운 일을 겪었다는 이야기도 있었다. 그들에게 공항은 생존의 문제였다. 흑산에서는 철새 도래지와 국립공원 보전을 이유로 반대하는 환경단체의 목소리가 거셌다. 주민들은 "우리도 편하게 육지로 나가고 싶다. 그리고 공항을 지으면 관광객도 많이 늘어서 섬이 더 좋아질 거야."라고 말했고, 환경단체는 "자연은 한 번 파괴되면 되돌릴 수 없다."고 했다. 그 두 가지 의견 모두 진실이었다. 나는 이처럼 공항을 고민하는 일이 결국 '삶과 환경 사이의 균형'을 찾는 과정임을 절감했다.

공항의 운영 현장도 잊을 수 없다. 태풍이 북상하던 어느 날, 새벽어둠 속에서 제주공항 활주로와 시설들을 점검하고, 항공사·관제탑·조업사가 함께 긴급회의를 열던 장면이 생생하다. 비행기 운항이 중단되고, 언제 재개할 수 있을지, 김포로 보내는 임시 추가 항공편을 얼마나 더 투입할 수 있을지, 수백 명의 승객과 수천 명의 일정을 좌우하는 선택들은 언제나 무겁고 긴박했다. 또 한겨울 폭설 속에서 제설차가 활주로를 달리며 밤새 제설 작업을 이어 가던 장면도 내 기억에 각인되어 있다. 그때 나는 깨달았다. 공항은 단순한 교통시설이 아니라, 수많은 사람의 협력과 헌신이 모여 유지되는 작은 도시라는 사실을.

나는 공항에서 만난 수많은 사람들의 얼굴을 떠올린다. 소음 보상 문제로 항의하던 주민의 눈빛, 새벽 비행기를 맞이하던 항공사 직원의 피곤한 표정, 지연 안내를 하며 승객의 분노를 온몸으로 받아내던 지상직 직원, 활주로 위에서 제설차를 몰던 노동자의 땀. 이 얼굴들이 모여 공항을 이루었다. 그렇기에 나는 공항을 고민하지 않을 수 없다. 공항은 활주로와 터미널만으로 존재하지 않는다. 그 안에서 살아가는 수많은 사람들의 삶과 감정이 공항의 진짜 본질이다.

그래서 나는 공항을 고민한다는 것이 곧 사회를 고민하는 일이라고 생

　　　　　　　　　　　　　공항을 계획하며, 미래를 고민하다

각한다. 공항은 언제나 지역 개발과 환경 보전, 국가 전략과 주민 생활, 효율과 공존의 갈림길에 서 있었다. 나는 그 길목에서 수없이 갈등했고, 때로는 한쪽의 분노를 감당해야 했다. 그러나 그 갈등 속에서 나는 배웠다. 공항을 고민한다는 것은 결국 사람의 삶을 고민하는 것이고, 우리 사회의 방향을 고민하는 것이라는 사실을.

공항을 오랫동안 고민하다 보니, 그것이 단순히 항공 정책이나 시설 계획의 문제가 아니라는 사실을 깨닫게 된다. 공항은 언제나 사회의 축소판이었다. 활주로를 연장할 것인가 말 것인가의 문제는 곧 개발과 보전의 선택이었고, 새로운 공항을 지을 것인가 말 것인가의 논쟁은 효율과 공존 사이의 줄다리기였다. 주민 설명회에서 마주한 분노와 눈물은 단지 비행기 소음에 대한 불만이 아니라, 자신들의 삶이 존중받고 있는가에 대한 질문이었다. 공항은 늘 인간의 얼굴을 드러내는 거울이었다.

나는 수많은 현장에서 갈등의 모습을 보았다. 한쪽에서는 지역 발전을 외치고, 다른 한쪽에서는 삶터의 파괴를 호소했다. 누구도 거짓을 말하지 않았다. 두 주장은 모두 진실이었다. 문제는 우리가 어떻게 이 진실들을 함께 껴안을 수 있는가였다. 효율을 따라가면 공동체가 무너지고, 보전을 고집하면 미래의 기회를 놓친다. 어느 한쪽만 선택할 수 없는 이 곤란함 속에서, 나는 '공항을 고민한다'는 말이 곧 '사회를 고민한다'는 말임을 배웠다.

나는 사무실에 앉아 보고서를 들여다볼 때보다, 현장에서 주민들과 눈을 맞출 때 더 많은 것을 배웠다. 숫자와 그래프로 표현한 보고서와 자료들은 깔끔하게 정리되어 있지만, 삶은 결코 그렇게 단순하지 않았다. 소음대책지역 안에 포함되어 있는 마을들의 풍경, 공항개발구역 내에 포함되어 있어 집을 옮겨야 하는 분의 추억, 지역 개발의 목표 속에서 잊히게 될 이름 없는 사람들. 그 얼굴과 목소리를 떠올리면, 공항은 단순한 국가 인프라가 아니라 인간의 삶을 재편하는 거대한 힘임을 실감했다.

공항은 늘 현재와 미래 사이에 놓여 있다. 지금 당장의 편익만을 너무 중시하면, 미래 세대는 그 대가를 치르게 된다. 반대로 미래만 생각하다가 현재의 필요를 외면하면, 지금 살아가는 사람들의 삶이 힘들다. 그래서 공항을 고민하는 일은 세대 간 형평성을 고민하는 일이기도 하다. 나는 종종 아이 손을 잡고 공항에 나온 부모를 보며 생각했다. 이 아이가 어른이 되었을 때, 이 하늘은 어떤 모습일까. 공항은 계속 희망의 관문일까, 아니면 불평등과 갈등의 상징일까.

나는 왜 공항을 고민하는가. 그것은 결국 인간이 어떻게 살아야 하는가를 묻는 일이기 때문이다. 공항은 기술과 자본, 국가 전략이 모이는 장소이지만, 동시에 사람의 만남과 이별, 희망과 불안이 교차하는 삶의 무대다. 나는 공항을 통해 사회를 보았고, 공항을 통해 인간을 보았다.

이 책을 쓰며 나는 다시 묻는다. 우리는 어떤 공항을 원하는가. 우리가 계획하고 건설하는 공항이 인간의 존엄을 지켜 주는 공항인지. 미래 세대에게 부끄럽지 않은 공항인지. 이 질문에 대한 답은 나 혼자 찾을 수 없다. 그것은 우리 모두가 함께 찾아야 할 사회적 합의이고, 세대와 세대를 잇는 약속이다.

나는 여전히 확실한 답을 가지고 있지 않다. 그러나 답을 갖지 못했다고 해서 질문을 멈출 수는 없다. 오히려 질문을 붙잡고 있는 일이야말로 내가 할 수 있는 가장 솔직한 태도라고 믿는다. 나는 공항을 고민한다. 그 말속에는 사회를 고민하고, 사람을 고민하고, 미래를 고민하는 마음이 함

　　　　　　　　　　　　공항을 계획하며, 미래를 고민하다

께 담겨 있다. 아마도 나는 앞으로도 계속 공항을 고민할 것이다. 그것이
내가 살아온 길이고, 내가 살아갈 길이기 때문이다.

맺음말

공항을 계획하며,
미래를 고민하다

공항이라는 작은 도시에서 배운 것들

ⓒ 나웅진, 2026

초판 1쇄 발행 2026년 4월 23일

지은이   나웅진
펴낸이   이기봉
편집   좋은땅 편집팀
펴낸곳   도서출판 좋은땅
주소   서울특별시 마포구 양화로12길 26 지월드빌딩 (서교동 395-7)
전화   02)374-8616~7
팩스   02)374-8614
이메일   gworldbook@naver.com
홈페이지   www.g-world.co.kr

ISBN   979-11-388-5742-0 (03350)

- 가격은 뒤표지에 있습니다.
- 이 책은 저작권법에 의하여 보호를 받는 저작물이므로 무단 전재와 복제를 금합니다.
- 파본은 구입하신 서점에서 교환해 드립니다.